# みんなの日本語

## 大家的日语 2
## ——学习辅导用书

(日) 株式会社 スリーエーネットワーク 编著

外语教学与研究出版社
北京

京权图字：01-2002-4123

ⓒ 株式会社 スリーエーネットワーク
1999年 第1版
本出版物只限在中华人民共和国境内销售

图书在版编目(CIP)数据

大家的日语 2 学习辅导用书/(日)株式会社 スリーエーネットワーク编著 .—北京：外语教学与研究出版社，2002 (2007.9 重印)
ISBN 978-7-5600-3146-0

Ⅰ.大… Ⅱ.株… Ⅲ.日语—教学参考资料 Ⅳ.H36

中国版本图书馆 CIP 数据核字 (2002) 第 092966 号

出 版 人：于春迟
责任编辑：张 溥
出版发行：外语教学与研究出版社
社　　址：北京市西三环北路19号 (100089)
网　　址：http://www.fltrp.com
印　　刷：北京京师印务有限公司
开　　本：787×1092　1/16
印　　张：15.5
版　　次：2003年1月第1版　2009年4月第17次印刷
书　　号：ISBN 978-7-5600-3146-0
定　　价：25.00元
＊　　＊　　＊
如有印刷、装订质量问题出版社负责调换
制售盗版必究　举报查实奖励
版权保护办公室举报电话：(010)88817519
物料号：131460101

# 前　言

本书正如书名《大家的日语》所说的那样，是为了使初学日语的人能愉快地学习，教师也能兴致勃勃地教下去，花了三年多的时间编写而成的。本书是作为《新日语基础教程》姊妹篇的一本教科书。

众所周知，尽管《新日语基础教程》是为技术研修人员编写的一本教科书，但作为初级日语教材，内容相当充实，对希望在短时期内掌握日语会话的学习者来说是一本十分实用、不可多得的教材，现在被国内外广泛使用。

近年来日语教育逐渐向多样化发展。随着国际关系的发展和与世界各国人民交流的不断深入，各种背景不同、目的各异的外国人融入日本社会。像这样随着外国人的增加，所需的日语教育带来的社会环境变化又影响着各种日语教学的实践，更需要兼顾学习者学习目的的多样化。

在这种情况下，3A公司根据在国内外多年从事日语教育、并具有丰富教学实践的专家们的建议和要求，编辑出版了这本《大家的日语》。《大家的日语》不但具有《新日语基础教程》的特点、同样的学习项目和简而易行的学习方法，在会话场面和出场人物等方面，为了适应学习者的多样性，使其具有更好的广泛适用性，使国内外各种各样的学习者不会受到地域限制，而愉快地学习日语，我们将其内容做了进一步充实和改进。

《大家的日语》的使用对像是在工作单位、家庭、学校、居住区内需要用日语进行交流的外国人。虽然属于初级教材，但在出场的外国人和日本人进行的交流场面中，尽量反映了日本的风貌和日本人的社会生活及日常生活。本书主要是以一般大众为对象，当然也可以作为考大学的预备课程，或专科学校、大学的短期集训用教材而加以利用。

本公司为适应学习者的多样性和满足教学中的各种需要，今后将继续积极地开发新的教材，并希望继续得到各位的关照。

最后，本书在编写过程中收到来自各方面的建议，并在教学中得以试用，对各位的大力协助在此深表谢意。3A公司希望今后也能通过我们日语教材的出版，把人与人之间的联系扩大到全世界。

愿进一步得到各位的支持和鞭策。

3A 株式会社

董事长　小川　严

# 凡　例

## Ⅰ．教科书的构成

《大家的日语2》由"主教材"、"学习辅导用书"以及"录音带"构成。本教科书以日语听说为中心，因此不包括平假名、片假名、汉字等文字的读写指导。

## Ⅱ．教科书的内容及使用方法

### 1．主教材

**1）各课**

继《大家的日语1》（共25课）之后，由第26课到50课构成。内容划分如下：

①句型

举出本课所学的基本句型。

②例句

以提问和回答的会话形式解释基本句型在实际生活中是如何运用的。另外还有新出现的副词和接续词的使用方法和基本句型以外的学习项目。

③会话

会话中有在日本生活的外国人登场，展现各种各样的场面。各课的学习内容中加有日常生活中常用的礼貌用语。都是简单实用的对话，希望能全文背诵。如果学有余力，可以使用"学习辅导用书"中的参考用语，扩大会话内容，提高会话能力。

④练习

练习分为ABC三个阶段。

练习A是为了更好地理解语法结构进行了视觉上的特殊设计。在掌握基本句型的同时，也考虑到使活用形和接续法更易学。

练习B用各种各样的句型练习形式，强化对基本句型的掌握。按所提示的例句进行练习。带有☞的符号是表示用图表练习。

练习C是学习句型在实际生活中什么样的情况下可以使用，提高会话能力的简短会话练习。不要只是简单重复，希望学习者变换范文中的单词，扩充内容，尝试进一步扩展会话的场面。

⑤练习题

　　练习题中有听力（有 📼 符号的地方）问题、语法问题和阅读问题等。听写部分是要听磁带后回答简短问题或听取简短会话的要点。这部分的设计是为了强化听力。在语法问题中要检查学习者的单词和理解程度。阅读问题是运用已学事项，阅读整篇文章，提高理解力。

2）复习

　　每隔几课有学习要点的整理。

3）总结

　　在课本最后的地方，将本书中学过的助词、动词的活用形的用法、副词和接续词等语法项目加以归纳，并附有例句。

4）索引

　　从第1课到第50课中出现的全部的新单词、句型等以及其最初出现的课数。

## 2. 学习辅导用书

1）从第25课到第50课的

　　①新单词及其译义

　　②句型、例句、会话的翻译

　　③对课文学习有帮助的参考词汇和与日本有关的简单介绍。

　　④有关句型以及表达的语法解释

2）"主教材"最后助词、动词活用形的用法、副词以及接续词等归纳的译文

## 3. 录音带

　　磁带的内容包括各课的新单词、句型、例句、练习C、会话、练习题的听力部分。听单词、句型、例句时注意学习其发音、会话和听练习C时尽量习惯日语自然的说话速度，提高听的能力。

## 4. 书写时的注意事项

1）汉字原则上以「常用漢字表」为依据。

　　①「熟字訓」（两个字以上的汉字组合、读法特殊的）中，「常用漢字表」的「付表」中列出的都用汉字书写。

　　　　例：友達／朋友　果物／水果　眼鏡／眼镜

　　②国名、地名等专有名词和演艺界、文化等方面的单词，有的是「常用漢字表」中没列出的汉字和音训。

　　　　例：大阪／大阪　奈良／奈良　歌舞伎／歌舞伎

2)虽然使用了「常用漢字表」以及「付表」中所规定的汉字，并附有假名读音，但为了方便学习者，有的没用汉字，只用了假名。

　　例：ある（有る/拥有・在る/存在）　　たぶん（多分）/大概

　　　　きのう（昨日）/昨天

3)数字：原则上使用阿拉伯数字。

　　例：9時/9时　　4月1日/4月1号　　1つ/1个

　　但是，以下场合用汉字数字。

　　例：一人で/一个人　　一度/一次　　一万円札/一万日元的钞票

## 5. 其他

1)可以省略的词句放在[ ]中。

　　例：父は 54[歳]です。父亲54[岁]。

2)有另外一种不同的说法时放在( )内。

　　例：だれ（どなた）/谁

3)翻译及语法解释中可以替换的部分用～表示。

　　例：～は いかがですか。～怎么样？

　　替换部分是数字时也用～表示。

　　例：～歳 ～岁　　～円 ～日元　　～時間 ～个小时

# 致 学 习 者 们
—有效的学习方法—

**1. 熟记单词。**

　　本教科书里每课都有新的单词出现。首先，应边听磁带边记单词的正确发音和语调。并且一定要用新单词做造句练习。不仅是单词本身，记住其在句子中的用法也很重要。

**2. 做句型练习。**

　　掌握句型的正确含义，反复做「练习 A」、「练习 B」直到牢固掌握为止。特别是「练习 B」读出声来练习最为重要。

**3. 做会话练习。**

　　句型练习后是会话练习。「会话」提供了在日本生活的外国人日常生活中会遇到的各种各样的场面。为了习惯这样的会话，首先反复做「练习 C」。练习时不要仅仅做句型本身的练习，要继续话题，发展会话内容。进一步记住会话练习中与情境相应的谈话技巧。

**4. 反复听磁带。**

　　在做「练习 C」及会话练习时，为了掌握正确的发音和语调，应边听磁带边大声朗读。要习惯日语的语音和语速，培养听力，需要反复听磁带。

**5. 必须做好预习和复习。**

　　为了记住课堂上学到的内容，必须当天复习。而且最后为了巩固学习内容，应完成「练习题」，检查听的能力。

　　「阅读材料」是为了提高理解一篇文章的能力而编写的应用问题。请参照单词进行阅读。

　　如果有时间，将下一课要学的单词和语法看一遍。作了基本的准备之后会提高下一课的学习效率。

**6. 练习实际会话。**

　　学习的场所不仅限于教室中。尽量用学过的日语与日本人交谈。学过的东西马上就用，这是学习进步的捷径。

　　按以上的方法学完本书后，就能掌握日常生活中必须的基本单词和基本的表达方式。

# 目 录

语法结构词汇 ·················································· 2

语法词汇 ······················································ 3

## 第 26 课 ···················································· 4

I. 单词
II. 翻译
　　句型与例句
　　会话
　　　　垃圾应该扔在哪里？
III. 参考词汇
　　扔垃圾的方法

IV. 语法解释
1. 动词 ）
　 い形容词 ｝普通形 ）
　 な形容词 ｝普通形 ｝んです
　 名词 ）～だ→～な ）
2. 动词て形　いただけませんか
3. 疑问词　动词た形ら　いいですか
4. 名词(宾语)は ｛好きです／嫌いです
　　　　　　　　　 上手です／下手です
　　　　　　　　　 あります、等

## 第 27 课 ··················································· 10

I. 单词
II. 翻译
　　句型与例句
　　会话
　　　　真是什么都会做
III. 参考词汇
　　附近的商店

IV. 语法解释
1. 可能动词
2. 可能动词句
3. 「見えます」和「聞こえます」
4. できます
5. は
6. も
7. しか

## 第 28 课 ··················································· 16

I. 单词
II. 翻译
　　句型与例句
　　会话
　　　　一边喝茶一边……
III. 参考词汇
　　租房屋

IV. 语法解释
1. 动词₁ます形ながら 动词₂
2. 动词て形 います
3. 普通形し、～
4. それに
5. それで
6. よく この 喫茶店に 来るんですか

## 第 29 课 ·················································· 22

I. 单词
II. 翻译
  句型与例句
  会话
   东西忘了
III. 参考词汇
  状态和样子

IV. 语法解释
1. 动词て形 います
2. 动词て形 しまいました／しまいます
3. 动词て形 しまいました
4. ありました
5. どこかで／どこかに

## 第 30 课 ·················································· 28

I. 单词
II. 翻译
  句型与例句
  会话
   预定票
III. 参考词汇
  方位、位置

IV. 语法解释
1. 动词て形 あります
2. 动词て形 おきます
3. まだ 动词（肯定形）
4. それは ～

## 第 31 课 ·················································· 34

I. 单词
II. 翻译
  句型与例句
  会话
   我想开始用互联网络
III. 参考词汇
  专业

IV. 语法解释
1. 意向形
2. 意向形的用法
3. 动词字典形
  动词ない形ない ｝つもりです
4. 动词字典形
  名词の ｝予定です
5. まだ 动词て形 いません
6. こ～／そ～

## 第 32 课 ·················································· 40

I. 单词
II. 翻译
　　句型与例句
　　会话
　　　　也许是生病了
III. 参考词汇
　　天气预报

IV. 语法解释
1. 动词た形 ⎫
   动词ない形ない ⎭ ほうが いいです
2. 动词 ⎫
   い形容词 ⎬ 普通形 ⎫
   な形容词 ⎭ 普通形／～だ ⎬ でしょう
   名词 ⎭
3. 动词 ⎫
   い形容词 ⎬ 普通形 ⎫
   な形容词 ⎭ 普通形／～だ ⎬ かも しれません
   名词 ⎭
4. きっと／たぶん／もしかしたら
5. 何か 心配な こと
6. 数量词で

## 第 33 课 ·················································· 46

I. 单词
II. 翻译
　　句型与例句
　　会话
　　　　这是什么意思？
III. 参考词汇
　　标志、标记

IV. 语法解释
1. 命令形、禁止形
2. 命令形和禁止形的用法
3. 「～と 読みます」和「～と 書いて あります」
4. XはYと いう 意味です
5. "句子" ⎫
   普通形 ⎭ と 言って いました
6. "句子" ⎫
   普通形 ⎭ と 伝えて いただけませんか

## 第 34 课 ·················································· 52

I. 单词
II. 翻译
　　句型与例句
　　会话
　　　　照我做的做
III. 参考词汇
　　烹调

IV. 语法解释
1. 动词₁字典形 ⎫
   动词₁た形 ⎬ とおりに、动词₂
   名词の ⎭
2. 动词₁た形 ⎫
   名词の ⎭ あとで、动词₂
3. 动词₁て形 ⎫
   动词₁ない形ないで ⎭ 动词₂
4. 动词₁ない形ないで、动词₂

## 第 35 课 ……………………………………………… 58

**I. 单词**
**II. 翻译**
　　句型与例句
　　会话
　　　　去旅行社就知道了
**III. 参考词汇**
　　谚语

**IV. 语法解释**
1. 假定形的变换方法
2. 假定形、～
3. 名词なら、～
4. 疑问词 动词假定形 いいですか
5. 动词 ／ い形容词 ／ な形容词 假定形 ｛动词字典形 ／ い形容词(～い) ／ な形容词な｝ほど ～

## 第 36 课 ……………………………………………… 64

**I. 单词**
**II. 翻译**
　　句型与例句
　　会话
　　　　多动脑、多活动
**III. 参考词汇**
　　健康

**IV. 语法解释**
1. 动词₁字典形 ／ 动词₁ない形ない ｝ ように、动词₂
2. 动词字典形ように ／ 动词ない形なく ｝ なります
3. 动词字典形 ／ 动词ない形ない ｝ ように します
4. とか

## 第 37 课 ……………………………………………… 70

**I. 单词**
**II. 翻译**
　　句型与例句
　　会话
　　　　填海建造的
**III. 参考词汇**
　　事故・事件

**IV. 语法解释**
1. 被动动词
2. 名词₁(人物₁)は 名词₂(人物₂)に 被动动词
3. 名词₁(人物₁)は 名词₂(人物₂)に 名词₃を 被动动词
4. 名词(物／事)が／は 被动动词
5. 名词₁は 名词₂(人)に よって 被动动词
6. 名词から／名词で つくります

## 第 38 课 ······ 76

I. 单词
II. 翻译
　　句型与例句
　　会话
　　　我参考词汇
III. 参考词汇
　　节庆活动

IV. 语法解释
1. 动词普通形の
2. 动词字典形のは 形容词です
3. 动词字典形のが 形容词です
4. 动词字典形のを 忘れました
5. 动词普通形のを 知って いますか
6. 动词 ／ い形容词 ｝普通形
　　な形容词 ｝普通形
　　名词　　 ～だ→～な ｝のは 名词です
7. ～ときも／～ときや／～ときの／～ときに、等

## 第 39 课 ······ 82

I. 单词
II. 翻译
　　句型与例句
　　会话
　　　来晚了，对不起
III. 参考词汇
　　心情

IV. 语法解释
1. 动词て形
　　动词ない形なくて
　　い形容词(～い)→～くて ｝、～
　　な形容词［な］→で
2. 名词で
3. 动词 ／ い形容词 ｝普通形
　　な形容词 ｝普通形
　　名词　　 ～だ→～な ｝ので、～
4. 途中で

## 第 40 课 ······ 88

I. 单词
II. 翻译
　　句型与例句
　　会话
　　　很担心他是否交上了朋友
III. 参考词汇
　　单位・线・形状・花纹

IV. 语法解释
1. 疑问词 ｛ 动词 ／ い形容词 ｝普通形
　　な形容词 ｝普通形
　　名词　　 ～だ ｝か、～
2. 动词 ／ い形容词 ｝普通形
　　な形容词 ｝普通形
　　名词　　 ～だ ｝かどうか、～
3. 动词て形 みます
4. い形容词(～い)→～さ
5. ハンスは 学校で どうでしょうか。

## 第 41 课 …………………………………………………… 94
I. 单词
II. 翻译
  句型与例句
  会话
    能给保存一下东西吗
III. 参考词汇
  方便、有用的信息

IV. 语法解释
1. 授受表达方式
2. 行为的授受
3. 动词て形 くださいませんか
4. 名词に 动词

## 第 42 课 …………………………………………………… 100
I. 单词
II. 翻译
  句型与例句
  会话
    奖金做什么用呢
III. 参考词汇
  办公用品·工具

IV. 语法解释
1. 动词字典形 ╲
  名词の　　　／ ために、～
2. 动词字典形の ╲
  名词　　　　／ に～
3. 数量词は
4. 数量词も

## 第 43 课 …………………………………………………… 106
I. 单词
II. 翻译
  句型与例句
  会话
    看着挺和气的
III. 参考词汇
  性格·性情

IV. 语法解释
1. 动词ます形
  い形容词(～い)　╲
  な形容词[な]　　／ そうです
2. 动词て形 来ます

## 第 44 课 …………………………………………………… 112
I. 单词
II. 翻译
  句型与例句
  会话
    请理成照片这个样子
III. 参考词汇
  美容院·理发店

IV. 语法解释
1. 动词ます形
  い形容词(～い)　╲
  な形容词[な]　　／ すぎます
2. 动词ます形 ｛やすいです / にくいです｝
3. い形容词(～い)→～く
  な形容词[な]→に　｝します
  名词に
4. 名词に します
5. い形容词(～い)→～く
  な形容词[な]→に　｝动词

## 第 45 课 ·········· 118

**I. 单词**
**II. 翻译**
　　句型与例句
　　会话
　　　　拼命地练习了
**III. 参考词汇**
　　紧急情况

**IV. 语法解释**
1. 动词字典形
   动词た形
   动词ない形ない
   い形容词(～い)
   な形容词な
   名词の
   ｝場合(ばあい)は、～

2. 动词
   い形容词 ｝普通形
   な形容词　普通形
   名词　　　～だ→～な
   ｝のに、～

## 第 46 课 ·········· 124

**I. 单词**
**II. 翻译**
　　句型与例句
　　会话
　　　　应该马上就到了
**III. 参考词汇**
　　片假名单词的词源

**IV. 语法解释**
1. 动词字典形
   动词て形 いる ｝ところです
   动词た形
2. 动词た形 ばかりです
3. 动词字典形
   动词ない形ない
   い形容词(～い)
   な形容词な
   名词の
   ｝はずです

## 第 47 课 ·········· 130

**I. 单词**
**II. 翻译**
　　句型与例句
　　会话
　　　　听说订婚了
**III. 参考词汇**
　　拟声词・拟态词

**IV. 语法解释**
1. 普通形そうです
2. 动词　　　　　｝普通形
   い形容词
   な形容词　普通形　～だ→～な
   名词　　　普通形　～だ→～の
   ｝ようです
3. 声(こえ)／音(おと)／におい／味(あじ)がします

## 第 48 课 ·········· 136

**I. 单词**
**II. 翻译**
　　句型与例句
　　会话
　　　　能请假吗
**III. 参考词汇**
　　教育・锻炼

**IV. 语法解释**
1. 使役动词
2. 使役动词的句子
3. 使役的使用方法
4. 使役动词て形 いただけませんか

## 第 49 课 ·················································· 142

I. 单词
II. 翻译
　　句型与例句
　　会话
　　　请代为转告
III. 参考词汇
　　电话的打法

IV. 语法解释
　1. 敬語（敬语）
　2. 「敬語」的种类
　3. 尊敬語（尊敬语）
　4. 「敬語」和文体
　5. 句子的一贯性
　6. 〜まして

## 第 50 课 ·················································· 148

I. 单词
II. 翻译
　　句型与例句
　　会话
　　　衷心地感谢
III. 参考词汇
　　信封・明信片收信人的写法

IV. 语法解释
　1. 謙譲語（谦逊语）
　2. 丁寧語（礼貌语）

## 助词 ······················································ 154
## 活用形的用法 ·············································· 157
## 动词・形容词的各种用法 ····································· 161
## 自动词和他动词 ············································ 163
## 副词・副词性词汇的用法 ····································· 165
## 各种接续 ·················································· 167
## 文字材料・参考答案 ········································· 169

# 大家的日语 1
## 语法解释及参考词汇

**第 1 课**··················12
1. 名词₁は 名词₂です
2. 名词₁は 名词₂じゃ ありません
3. 句子か
4. 名词も
5. 名词₁の 名词₂
6. ～さん
**参考词汇** 国家・人・语言

**第 2 课**··················18
1. これ／それ／あれ
2. この 名词／その 名词／あの 名词
3. そうです／そうじゃ ありません
4. 句子₁か、句子₂か
5. 名词₁の 名词₂
6. そうですか
**参考词汇** 姓氏

**第 3 课**··················24
1. ここ／そこ／あそこ／こちら／そちら／あちら
2. 名词₁は 名词₂(场所)です
3. どこ／どちら
4. 名词₁の 名词₂
5. 「こ／そ／あ／ど」(指示词)一览表
6. お国
**参考词汇** 百货商店

**第 4 课**··················30
1. 今 —時—分です
2. 动词ます
3. 动词ます／动词ません／动词ました／动词ませんでした
4. 名词(时间)に 动词
5. 名词₁から 名词₂まで
6. 名词₁と 名词₂
7. 句子ね
**参考词汇** 电话・书信

**第 5 课**··················36
1. 名词(场所)へ 行きます／来ます／帰ります
2. どこ[へ]も 行きません／行きませんでした
3. 名词(交通工具)で 行きます／来ます／帰ります
4. 名词(人／动物)と 动词
5. いつ
6. 句子よ
**参考词汇** 节日

**第 6 课**··················42
1. 名词を 动词(他动词)
2. 名词を します
3. 何を しますか
4. なん和なに
5. 名词(场所)で 动词
6. 动词ませんか
7. 动词ましょう
8. お～
**参考词汇** 食品

**第 7 课**··················48
1. 名词(工具／手段)で 动词
2. "词／句"は ～語で 何ですか
3. 名词(人)に あげます,等
4. 名词(人)に もらいます,等
5. もう 动词ました
**参考词汇** 家族

第 8 课 ·················· 54
1. 形容词
2. 名词は な形容词[な]です
   名词は い形容词(～い)です
3. な形容词な 名词
   い形容词(～い) 名词
4. とても／あまり
5. 名词は どうですか
6. 名词₁は どんな 名词₂ですか
7. 句子₁が、句子₂
8. どれ

**参考词汇** 颜色・味道

第 9 课 ·················· 60
1. 名词が あります／わかります
   名词が 好きです／嫌いです／
   上手です／下手です
2. どんな 名词
3. よく／だいたい／たくさん／少し／
   あまり／全然
4. 句子₁から、句子₂
5. どうして

**参考词汇** 音乐・体育・电影

第 10 课 ·················· 66
1. 名词が あります／います
2. 名词₁(场所)に 名词₂が あります／います
3. 名词₁は 名词₂(场所)に あります／います
4. 名词₁(事物／人／地点)の 名词₂(位置)
5. 名词₁や 名词₂
6. 単词ですか
7. チリソースは ありませんか

**参考词汇** 家里

第 11 课 ·················· 72
1. 数量的说法
2. 数量词(期间)に 一回 动词
3. 数量词だけ／名词だけ

**参考词汇** 菜单

第 12 课 ·················· 78
1. 名词句・な形容词句的过去时
2. い形容词句的过去时
3. 名词₁は 名词₂より 形容词です
4. 名词₁と 名词₂と どちらが 形容词ですか
   …名词₁／名词₂の ほうが 形容词です
5. 名词₁[の 中]で 何／どこ／だれ／
   いつが いちばん 形容词ですか
   …名词₂が いちばん 形容词です

**参考词汇** 传统节日与旅游胜地

第 13 课 ·················· 84
1. 名词が 欲しいです
2. 动词ます形たいです
3. 名词(地点)へ ｛动词ます形／名词｝に
   行きます／来ます／帰ります
4. 名词に 动词／名词を 动词
5. どこか／何か
6. ご注文

**参考词汇** 城市里

第 14 课 ·················· 90
1. 动词的活用
2. 动词的类型
3. 动词て形
4. 动词て形 ください
5. 动词て形 います
6. 动词ます形ましょうか
7. 句子₁が、句子₂
8. 名词が 动词

**参考词汇** 车站

第 15 课 ·················· 96
1. 动词て形も いいです
2. 动词て形は いけません
3. 动词て形 います
4. 动词て形 います
5. 知りません

**参考词汇** 职业

第16课·················102
1. 动词て形、[动词て形]、~
2. い形容词(~い) → ~くて、~
3. 名词
   な形容词[な] } で、~
4. 动词₁て形から、动词₂
5. 名词₁は 名词₂が 形容词
6. どうやって
7. どの 名词
**参考词汇** 如何使用自动取款机

第17课·················108
1. 动词ない形
2. 动词ない形ないで ください
3. 动词ない形なければ なりません
4. 动词ない形なくても いいです
5. 名词(宾语)は
6. 名词(时间)までに 动词
**参考词汇** 身体·患病

第18课·················114
1. 动词字典形
2. 名词
   动词字典形 こと } が できます
3. わたしの 趣味は { 名词 / 动词字典形 こと } です
4. 动词₁字典形
   名词の
   数量词(期间) } まえに、动词₂
5. なかなか
6. ぜひ
**参考词汇** 动作

第19课·················120
1. 动词た形
2. 动词た形 ことが あります
3. 动词た形り、动词た形り します
4. い形容词(~い) → ~く
   な形容词[な] → に } なります
   名词に
5. そうですね
**参考词汇** 传统文化与娱乐

第20课·················126
1. 敬体和简体
2. 敬体和简体的区别
3. 简体的会话
**参考词汇** 称呼

第21课·················132
1. 普通形と 思います
2. "句子"
   普通形 } と 言います
3. 动词
   い形容词 } 普通形
   な形容词 } 普通形 } でしょう？
   名词    } ~だ
4. 名词₁(地点)で 名词₂が あります
5. 名词 (场所)で
6. 名词でも 动词
7. 动词ない形ないと……
**参考词汇** 头衔

第22课·················138
1. 修饰名词
2. 句子修饰名词
3. 名词が
4. 动词的字典形 時間／約束／用事
**参考词汇** 衣服

第23课·················144
1. 动词字典形
   动词ない形
   い形容词(~い) } とき、~
   な形容词な
   名词の
2. 动词字典形
   动词た形 } とき、~
3. 动词字典形と、~
4. 名词が 形容词／动词
5. 名词(场所)を 移动动词
**参考词汇** 道路·交通

第 24 课 ················· 150
1. くれます
2. 动词て形 { あげます / もらいます / くれます }
3. 名词(人)が 动词
4. 疑问词が 动词
**参考词汇** 赠答的习惯

第 25 课 ················· 156
1. 普通形过去式ら、～
2. 动词た形ら、～
3. 动词て形
　い形容词(～い)→～くて
　な形容词[な]→～で       } も、～
　名词で
4. もし和いくら
5. 名词が
**参考词汇** 人的一生

# 会话中出现的人物

迈克·米勒　マイク・ミラー
美国人、IMC职员

松本　正
日本人、IMC（大阪）的部长

中村　秋子
日本人、IMC的营业科长

铃木　康男
日本人、IMC的职员

李真珠　イージンジュ
韩国人、AKC的研究员

瓦朋　タワポン
泰国人、樱花大学的学生

小川　博
日本人、麦克·米勒的邻居

小川　よね
日本人、小川博的母亲

小川　幸子
日本人、主妇

卡尔·胥米特　カール・シュミット
德国人、动力电气公司工程师

克拉拉·胥米特　クララ・シュミット
德国人、德语教师

渡辺　あけみ
日本人、动力电气公司职员

高橋　透
日本人、动力电气公司职员

林　真紀子
日本人、动力电气公司职员

约翰·瓦特　ジョン・ワット
英国人、樱花大学的英语教师

伊藤　ちせ子
日本人、向日葵小学的教师
汉斯·胥米特的班主任

—其他的出场人物—

汉斯　ハンス
德国人、小学生12岁、
卡尔与克拉拉·胥米特的儿子

古普　ダプタ
印度人、IMC的职员

※IMC（计算机软件公司）
※AKC（アジア研究センター：亚洲研究中心）

# 语法结构词汇

| | | | |
|---|---|---|---|
| 第〜課 | 第〜课 | 名詞 | 名词 |
| 文型 | 句型 | 動詞 | 动词 |
| 例文 | 例句 | 自動詞 | 自动词 |
| 会話 | 会话 | 他動詞 | 他动词 |
| 練習 | 练习 | 形容詞 | 形容词 |
| 問題 | 问题 | い形容詞 | い形容词 |
| 答え | 回答 | な形容詞 | な形容词 |
| 読み物 | 阅读材料 | 助詞 | 助词 |
| 復習 | 复习 | 副詞 | 副词 |
| | | 接続詞 | 接续词 |
| 目次 | 目录 | 数詞 | 数词 |
| 索引 | 索引 | 助数詞 | 量词 |
| | | 疑問詞 | 疑问词 |
| 文法 | 语法 | | |
| 文 | 句子 | 名詞文 | 名词句 |
| 単語（語） | 单词 | 動詞文 | 动词句 |
| 句 | 句子 | 形容詞文 | 形容词句 |
| 節 | 文节 | | |
| | | 主語 | 主语 |
| 発音 | 发音 | 述語 | 谓语 |
| 母音 | 母音 | 目的語 | 宾语 |
| 子音 | 子音 | 主題 | 主题 |
| 拍 | 拍节 | | |
| アクセント | 音调 | 肯定 | 肯定 |
| イントネーション | 语调 | 否定 | 否定 |
| | | 完了 | 完成式 |
| ［か］行 | ［か］行 | 未完了 | 未完成式 |
| ［い］列 | ［い］段 | 過去 | 过去式 |
| | | 非過去 | 非过去式 |
| 丁寧体 | 敬体 | | |
| 普通体 | 简体 | 可能 | 可能 |
| 活用 | 活用 | 意向 | 意向 |
| フォーム | 动词形态 | 命令 | 命令 |
| 〜形 | 〜形 | 禁止 | 禁止 |
| 修飾 | 修饰 | 条件 | 条件 |
| | | 受身 | 被动 |
| 例外 | 例外 | 使役 | 使役 |
| | | 尊敬 | 尊敬语 |
| | | 謙譲 | 谦逊语 |

# 语法词汇

名词　（名詞）
　　例：がくせい　　　つくえ
　　　　学生　　　　　桌子

い形容词　（い形容詞）
　　例：おいしい　　　たかい
　　　　好吃(的)　　　高(的)

な形容词　（な形容詞）
　　例：きれい[な]　　しずか[な]
　　　　漂亮的　　　　安静的

动词　（動詞）
　　例：かきます　　　たべます
　　　　写　　　　　　吃

句子　（文）
　　例：これは　本です。
　　　　这是书。
　　　　わたしは　あした　東京へ　行きます。
　　　　我明天去东京。

# 第 26 课

## I. 単词

| | | |
|---|---|---|
| みます II | 見ます、診ます | 看、诊断 |
| さがします I | 探します、捜します | 寻找 |
| おくれます II ［じかんに～］ | 遅れます ［時間に～］ | 迟了、没赶上［时间］ |
| まに あいます I ［じかんに～］ | 間に 合います ［時間に～］ | 赶上［时间］ |
| やります I | | 做、干、搞 |
| さんかします III ［パーティーに～］ | 参加します | 参加［晚会］ |
| もうしこみます I | 申し込みます | 报名、申请 |
| | | |
| つごうが いい | 都合が いい | 方便（时间上） |
| つごうが わるい | 都合が 悪い | 不方便（时间上） |
| きぶんが いい | 気分が いい | 感觉舒服 |
| きぶんが わるい | 気分が 悪い | 感觉不舒服 |
| | | |
| しんぶんしゃ ③ | 新聞社 | 报社 |
| じゅうどう ① | 柔道 | 柔道 |
| うんどうかい ③ | 運動会 | 运动会 |
| ばしょ ⓪ | 場所 | 场所、地点 |
| ボランティア ② | | 志愿者（活动） |
| | | |
| ～べん | ～弁 | ～方言 |
| | | |
| こんど ① | 今度 | 这次、这回、下次、下回 |
| ずいぶん ① | | 很、极、相当 |
| ちょくせつ ⓪ | 直接 | 直接 |
| | | |
| いつでも ① | | 随时 |
| どこでも ① | | 在任何地方 |
| だれでも ① | | 任何人都 |
| なんでも ① | 何でも | 什么都 |
| | | |
| こんな～ | | 这样的 |
| そんな～ | | 那样的（离听话者较近） |
| あんな～ | | 那样的（离说话人和听话人都较远） |

※NHK　　　　　　　　　　　　　　　日本广播协会（广播公司）
※こどもの日 ⑤　　　　　　　　　　　(日本)男孩节
※エドヤストア　　　　　　　　　　　江户屋商店(虚构的店名)

□会話□

片づきます［荷物が～］Ⅰ　　　　　　收拾［行李］
ごみ ②　　　　　　　　　　　　　　垃圾
出します［ごみを～］Ⅰ　　　　　　　扔掉、倒［垃圾］
燃えます［ごみが～］Ⅱ　　　　　　　［垃圾］燃烧
月・水・金　　　　　　　　　　　　　星期一、三、五
置き場 ⓪　　　　　　　　　　　　　放置的地方
横 ⓪　　　　　　　　　　　　　　　旁边
瓶 ①　　　　　　　　　　　　　　　瓶子
缶 ①　　　　　　　　　　　　　　　罐儿
［お］湯 ⓪　　　　　　　　　　　　热水
ガス ①　　　　　　　　　　　　　　煤气
～会社　　　　　　　　　　　　　　　～公司
連絡します Ⅲ　　　　　　　　　　　联系
困ったなあ。　　　　　　　　　　　　怎么办呢？

……読み物……

電子メール ④　　　　　　　　　　　电子邮件
宇宙 ①　　　　　　　　　　　　　　宇宙
怖い ②　　　　　　　　　　　　　　害怕(的)、可怕(的)
宇宙船 ⓪　　　　　　　　　　　　　宇航飞船
別の　　　　　　　　　　　　　　　　别的
宇宙飛行士　　　　　　　　　　　　　宇航员

※土井 隆雄　　　　　　　　　　　　土井隆雄（日本宇航员，1955～）

## II. 翻译

### 句型

1. 从明天开始旅行。
2. 我想学习插花，您能给我介绍一位好老师吗？

### 例句

1. 渡边小姐说话有时候用大阪方言。
   以前住在大阪吗？
   …对，我15岁以前住在大阪。
2. 这真是一双样式别致的鞋。在哪里买的？
   …在江户屋商店买的。是西班牙产的鞋。
3. 为什么迟到了？
   …没有公共汽车。
4. 你参加运动会吗？
   …不，不参加。我不太喜欢运动。
5. 我用日语写了封信，您能帮我看看吗？
   …好啊。
6. 我想参观NHK，应该怎么办呢？
   …直接去就行了。什么时候都可以参观。

### 会话

**垃圾应该扔在哪里？**

| | |
|---|---|
| 管理人： | 米勒先生，您搬家的行李都收拾好了吗？ |
| 米 勒： | 唉，差不多都收拾好了。 |
| | 我想扔一些垃圾，应该放在哪里？ |
| 管理人： | 可燃烧的垃圾在星期一、三、五的早晨拿出来。放垃圾的地方在停车场旁边。 |
| 米 勒： | 瓶子和易拉罐是什么时候呢？ |
| 管理人： | 非燃烧垃圾是星期六拿出来。 |
| 米 勒： | 啊，明白了。另外，还没有热水……。 |
| 管理人： | 跟煤气公司联系一下，马上就会来人。 |
| 米 勒： | ……这可难办了。我没有电话。 |
| | 对不起，您能帮我联系一下吗？ |
| 管理人： | 可以。 |
| 米 勒： | 谢谢。拜托您了。 |

III. 参考词汇

## ごみの出し方　扔垃圾的方法

为了尽量减少垃圾和促进垃圾的再利用，家庭的垃圾分为不同的种类按不同的日期收集。扔垃圾的地点、日期根据地区有所不同，一般按以下分类。

### ごみ収集日のお知らせ
### 关于分类收垃圾日的通知

可燃ごみ（燃えるごみ）　　　　収集日：月・水・金曜日
可燃垃圾　　　　　　　　　　　　　　　　星期一、三、五

　紙くず　　　　　　纸屑、废纸
　生ごみ（厨房扔掉的）含有水分的垃圾

不燃ごみ（燃えないごみ）　　　収集日：木曜日
不可燃垃圾　　　　　　　　　　　　　　　星期四

　ガラス製品　　　　玻璃制品
　プラスチック製品　塑料制品
　金属製台所用品　　金属制厨房用具

粗大ごみ　　　　　　　　　　　収集日：第3火曜日
大型垃圾　　　　　　　　　　　　　　　　第三个星期二

　家具　　　　　　　家具
　家庭電化製品　　　家用电器
　自転車　　　　　　自行车

資源ごみ　　　　　　　　　　　収集日：第2、第4火曜日
资源性垃圾　　　　　　　　　　　　　　　第二、四个星期二

　空き缶　　　　　　空罐儿
　空きびん　　　　　空玻璃瓶
　古新聞　　　　　　旧报纸

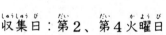

## IV. 语法解释

1. 
| 动词 | 普通形 | |
|---|---|---|
| い形容词 | 普通形 | んです |
| な形容词 | 普通形 | |
| 名词 | 〜だ→〜な | |

「〜んです」是强调说明原因、理由、根据等的表达方式。口语中用「〜んです」，而书面语中用「〜のです」。「〜んです」的用法如下。

1) 〜んですか

这种表达方式用于以下情况。

(1)说话人对其见到的、听到的事推测其理由和原因并进行确认时。

① 渡辺さんは 時々 大阪弁を 使いますね。
　大阪に 住んで いたんですか。
　…ええ、15歳まで 大阪に 住んで いました。

渡边小姐说话有时候用大阪方言。
以前住在大阪吗?
…是的，我15岁以前住在大阪。

(2)说话人对见到的、听到的事寻求更详细的说明时。

② おもしろい デザインの 靴ですね。どこで 買ったんですか。
　…エドヤストアで 買いました。

这真是一双样式别致的鞋啊。在哪里买的？
…在江户屋商店买的。

(3)说话人对见到的、听到的事向听话人询问其理由和原因时。

③ どうして 遅れたんですか。
为什么迟到了?

(4)寻求对事态的说明时。

④ どう したんですか。
怎么了?

[注]「〜んですか」句中，有时包含了说话人惊讶或怀疑（疑念）的情绪，以及强烈的好奇心。如果用得不恰当，会使听话人不高兴，所以要注意使用方法。

2) 〜んです

这个表达方式用于以下情况。

(1)用于回答上述1) 的(3)、(4)的疑问句，并说明理由和原因时。

⑤ どうして 遅れたんですか。　　　　　为什么迟到了?
　…バスが 来なかったんです。　　　　…没有公共汽车。
⑥ どう したんですか。　　　　　　　　怎么了?
　…ちょっと 気分が 悪いんです。　　　…有点儿不舒服。

(2)说话人对自己说的话附加理由和原因时。

⑦ 毎朝 新聞を 読みますか。　　　　　　每天早上看报纸吗？
　　…いいえ。時間が ないんです。　　　…不，没有时间。

[注] 比如下例所示只是说明事实时不用「～んです」。
　　わたしは マイク・ミラーです。　　　我是麦克·米勒。
　× わたしは マイク・ミラーなんです。

3) 「～んですが、～」

「～んですが」起到提起话头的作用。后面一般接表示委托、劝诱或请求许可的话。这时的「が」起着连接上下文的作用，表示犹疑和客气。如例句⑩所示，「～んですが」后面接续的话如果是说话人和听话人都明白时多省略掉。

⑧ 日本語で 手紙を 書いたんですが、ちょっと 見て いただけませんか。
　　我用日语写了封信，您能帮我看看吗？

⑨ NHKを 見学したいんですが、どう したら いいですか。
　　我想去参观NHK，应该怎么办才好呢？

⑩ お湯が 出ないんですが……。
　　还没有热水……。

2．**动词て形 いただけませんか**　能帮我……吗？

这是比「～て ください」更礼貌的请求表达方式。

⑪ いい 先生を 紹介して いただけませんか。
　　您能帮我介绍一位好老师吗？

3．**疑问词 动词た形ら いいですか**　……做才好呢？

⑫ どこで カメラを 買ったら いいですか。在哪里买照相机好呢？

⑬ 細かい お金が ないんですが、どう したら いいですか。
　　我没有零钱，怎么办才好呢？

「～たら いいですか」是说话人对自己必须做或者最好去做的事，征求听话人的建议和意见的表达方式。例如，⑫中说话人想买相机，但不知道在哪里卖。所以这个句子是希望听话人推荐一个能买照相机的好商店。

4．

| 名词(宾语)は | 好きです／嫌いです<br>上手です／下手です<br>あります、等 | 名词 | 喜欢／讨厌<br>好／差劲<br>有，等 |

⑭ 運動会に 参加しますか。
　　…いいえ。スポーツは あまり 好きじゃ ないんです。
　　你参加运动会吗？
　　…不，我不太喜欢运动。

将主语或以「を」表示的宾语，以助词「は」提示为主题的用法，我们在《大家的日语1》中已经学过了(第10课、第17课)。「が」所表示的宾语，也可以用助词「は」将其提示为主题。

# 第 27 课

## I. 単词

| | | |
|---|---|---|
| かいます I | 飼います | 饲养、喂 |
| たてます II | 建てます | 修建 |
| はしります I<br>［みちを～］ | 走ります<br>［道を～］ | ［在路上］跑 |
| とります I<br>［やすみを～］ | 取ります<br>［休みを～］ | 取得、请［假］ |
| みえます II<br>［やまが～］ | 見えます<br>［山が～］ | 看得见［山］ |
| きこえます II<br>［おとが～］ | 聞こえます<br>［音が～］ | 听得见［声音］ |
| できます II<br>［くうこうが～］ | ［空港が～］ | 建好、修好［机场］ |
| ひらきます I<br>［きょうしつを～］ | 開きます<br>［教室を～］ | 开［讲座］ |
| ペット① | | 宠物 |
| とり⓪ | 鳥 | 鸟 |
| こえ① | 声 | 声音 |
| なみ② | 波 | 波浪 |
| はなび① | 花火 | 烟花 |
| けしき① | 景色 | 景色 |
| ひるま③ | 昼間 | 白天 |
| むかし⓪ | 昔 | 从前、以前 |
| どうぐ③ | 道具 | 工具 |
| じどうはんばいき⑥ | 自動販売機 | 自动售货机 |
| つうしんはんばい⑤ | 通信販売 | 邮递购物、邮购 |
| クリーニング② | | （干）洗、洗衣 |
| マンション① | | 高级公寓 |
| だいどころ⓪ | 台所 | 厨房 |
| ～きょうしつ | ～教室 | ～教室 |
| パーティールーム | | 晚会厅 |
| ～ご | ～後 | ～之后（时间、期间） |
| ～しか | | 只有～（和否定形一起使用） |
| ほかの | | 之外的 |

| | |
|---|---|
| はっきり③ | 清楚地 |
| ほとんど② | 几乎所有的（用于肯定句）<br>几乎都不（用于否定句） |
| ※関西空港 | 关西国际机场 |
| ※秋葉原 | 秋叶原（在东京聚集许多电器行的商店街） |
| ※伊豆 | 伊豆（位于静冈县的半岛） |

◘ 会話 ◘

| | |
|---|---|
| 日曜大工 | 星期天做木匠活儿 |
| 本棚① | 书架 |
| 夢② | 梦（～を みます：作梦） |
| いつか① | 什么时候 |
| 家② | 家、房子 |
| すばらしい④ | 极好（的）、很棒（的） |

……読み物……

| | |
|---|---|
| 子どもたち③ | 孩子们 |
| 大好き[な]① | 非常喜欢 |
| 漫画⓪ | 漫画、连环画、小人书 |
| 主人公② | 主人公 |
| 形⓪ | 形状、样子 |
| ロボット① | 机器人 |
| 不思議[な]⓪ | 不可思议 |
| ポケット② | 口袋 |
| 例えば② | 例如 |
| 付けます II | 戴上 |
| 自由に | 自由地 |
| 空① | 天空 |
| 飛びます I | 飞、飞翔 |
| 自分⓪ | 自己 |
| 将来① | 将来 |
| ※ドラえもん | 机器猫（动画人物的名字） |

## II. 翻译

### 句型
1. 我会说一点儿日语。
2. 从山上能看见城区。
3. 车站前建成了一个大超级市场。

### 例句
1. 你能看懂日文的报纸吗？
   …看不懂。
2. 在动力电气公司，有多长的暑期假？
   …嗯，三个星期左右。
   真不错。我们公司只能休息一个星期。
3. 在这个公寓里可以饲养宠物吗？
   …可以养小鸟和鱼，但不能养狗和猫。
4. 从东京能看见富士山吗？
   …以前能看见，现在几乎看不见了。
5. 可以听见鸟叫声啊。
   …是啊。已经是春天了。
6. 关西机场是什么时候建成的？
   …1994年的秋天建成的。
7. 包真漂亮啊。在哪里买的？
   …是邮购的。
   百货商场里也有卖的吗？
   …我想百货商场里没有。

### 会话
#### 真是什么都会做

铃　木： 真是一间明亮的好房间。
米　勒： 是啊，天气好的时候可以看见海。
铃　木： 这张桌子的样式真有意思。
　　　　 是在美国买的吗？
米　勒： 这是我自己做的。
铃　木： 真的吗？
米　勒： 真的。周末干木匠活儿是我的爱好。
铃　木： 哦，那么那个书架也是你做的吗？
米　勒： 对。
铃　木： 真了不起啊。米勒先生真是什么都会做。
米　勒： 我的梦想是什么时候能自己亲手建一座房子。
铃　木： 真是一个美好的梦想。

## III. 参考词汇

### 近くの店　附近的商店

**写真屋　照相馆**

| | |
|---|---|
| 現像 | 冲洗、显影 |
| プリント | （用底片）印相片 |
| 焼き増し | 加印、加洗 |
| 引き伸ばし | 放大 |
| ネガ | （照相）底片 |
| スライド | 幻灯片 |
| サービスサイズ | 普通照片大小 |
| パノラマサイズ | 全景摄影照片 |

**クリーニング屋　洗衣店**

| | |
|---|---|
| ドライクリーニング | 干洗 |
| 水洗い | 水洗 |
| 染み抜き | 除掉污垢、去污渍 |
| 防水加工 | 防水加工 |
| サイズ直し | 修改尺寸 |
| 縮む | 缩水 |
| 伸びる | 变长、变形 |

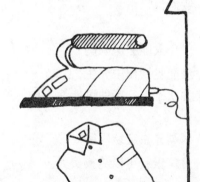

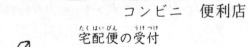

**コンビニ　便利店**

| | |
|---|---|
| 宅配便の受付 | 快运业务 |
| 写真現像 | 冲洗照片业务 |
| 公共料金振り込み | 交公共（煤气水电等）费用业务 |
| コピー、ファクス | 复印、传真业务 |
| はがき、切手の販売 | 出售明信片、邮票 |
| コンサートチケットの販売 | 出售音乐会的票 |

## IV. 语法解释

### 1. 可能动词

可能动词的变换方法（参考本册12页第27课练习A1）

|   |   | 可能动词 | |
|---|---|---|---|
|   |   | 礼貌形 | 普通形 |
| I | かきます | かけます | かける |
|   | かいます | かえます | かえる |
| II | たべます | たべられます | たべられる |
| III | きます | こられます | こられる |
|   | します | できます | できる |

可能动词的变化是按第二类动词的变化形式变换成字典形、ない形、て形等。

例：かける、かけ（ない）、かけて

「わかる」本身就表示可能的意思，所以不说「わかれる」。

### 2. 可能动词句

1）可能动词不是表示动作而是表示状态。他动词的宾语可以用助词「を」表示，但是可能动词句中的对象一般用「が」表示。

① わたしは 日本語を 話します。　　　我说日语。
② わたしは 日本語が 話せます。　　　我能说日语。

「を」以外的助词不变化。

③ 一人で 病院へ 行けますか。　　　一个人能去医院吗？
④ 田中さんに 会えませんでした。　　没能见到田中先生。

2）可能动词里包含着人拥有的行为能力（⑤），和某种状态下行为的可能性（⑥）这两个意思。

⑤ ミラーさんは 漢字が 読めます。　　米勒先生会认汉字。
⑥ この 銀行で ドルが 換えられます。　这家银行可以兑换美元。

### 3.「見えます」和「聞こえます」

「みます」「きさます」的可能形是「みられます」「きけます」。这表示主体看和听的意志得以实现。与此相反，「みえます」「きこえます」与本人的意志无关，只表示某一对象物能在视野里捕捉到，或者某种声响和声音传到耳朵里。用「みえます」「きこえます」的句子，对象物是主语，用助词「が」表示。

⑦ 新宿で 今 黒沢の 映画が 見られます。
　　在新宿，现在可以看黒沢导演的电影。
⑧ 新幹線から 富士山が 見えます。
　　从新干线可以看到富士山。
⑨ 電話で 天気予報が 聞けます。
　　可以用电话听天气预报。
⑩ ラジオの 音が 聞こえます。
　　能听见收音机的声音。

4．できます

这里学习的动词「できます」，表示产生、完成、干完、能作等意思。

⑪ 駅の 前に 大きい スーパーが できました。

車站前建成了一个大超级市场。

⑫ 時計の 修理は いつ できますか。

表什么时候能修好。

5．は

1）では／には／へは／からは／までは等

「は」用于把名词提示为主题时。在第10、17、26课中学习了将助词「が」「を」前的名词提示为主题的时候，用「は」取代「が」「を」。有其他的助词（例如：で、に、へ等）时，「は」放在它们后面来提示。

⑬ わたしの 学校には アメリカ人の 先生が います。

我的学校里有美国老师。

⑭ わたしの 学校では 中国語が 習えます。

在我的学校可以学习汉语。

2）「は」有对比的功能。

⑮ きのうは 山が 見えましたが、きょうは 見えません。

昨天能看见山，今天看不见。

⑯ ワインは 飲みますが、ビールは 飲みません。

我喝葡萄酒，但不喝啤酒。

⑰ 京都へは 行きますが、大阪へは 行きません。

我去京都，但不去大阪。

6．も

和「は」一样，助词「も」和其他的助词一起使用时，尽管可以取代「を」、「が」，但要放在其他助词之后。助词是「へ」时可以省略。

⑱ クララさんは 英語が 話せます。フランス語も 話せます。

克拉拉会说英语，也会说法语。

⑲ 去年 アメリカへ 行きました。メキシコ[へ]も 行きました。

去年我去了美国，也去了墨西哥。

⑳ わたしの 部屋から 海が 見えます。弟の 部屋からも 見えます。

从我的房间可以看见大海。从弟弟的房间也能看见。

7．しか

「しか」放在名词、数量词之后，常和表示否定的词一起使用。表示强调和限定除此以外都是否定的意思。可以取代「が」「を」，但要接在其他助词的后面。「だけ」用于表示肯定的语气，而「しか」则用于表示否定的语气。

㉑ ローマ字しか 書けません。　　　　　除了罗马字别的都不会写。

㉒ ローマ字だけ 書けます。　　　　　　只会写罗马字。

# 第 28 课

## I. 单词

| | | |
|---|---|---|
| うれます Ⅱ<br>［パンが～］ | 売れます | 卖、出售［面包］ |
| おどります Ⅰ | 踊ります | 跳舞 |
| かみます Ⅰ | | 嚼、咬 |
| えらびます Ⅰ | 選びます | 选择 |
| ちがいます Ⅰ | 違います | 不同 |
| かよいます Ⅰ<br>［だいがくに～］ | 通います<br>［大学に～］ | 上［大学］ |
| メモします Ⅲ | | 记笔记 |
| | | |
| まじめ［な］⓪ | | 认真 |
| ねっしん［な］① | 熱心［な］ | 热心 |
| | | |
| やさしい ③ | 優しい | 和蔼（的）、温和（的） |
| えらい ② | 偉い | 了不起（的） |
| ちょうど いい | | 正好 |
| | | |
| しゅうかん ⓪ | 習慣 | 习惯 |
| けいけん ⓪ | 経験 | 经验 |
| ちから ③ | 力 | 力量、力气 |
| にんき ⓪ | 人気 | 人缘、受欢迎（［がくせいに］～が<br>あります：很受［学生］欢迎） |
| かたち ⓪ | 形 | 形状、样子 |
| いろ ② | 色 | 颜色 |
| あじ ⓪ | 味 | 味道 |
| ガム ① | | 口香糖 |
| | | |
| しなもの ⓪ | 品物 | 商品、物品 |
| ねだん ⓪ | 値段 | 价格、价钱 |
| きゅうりょう ① | 給料 | 工资、报酬 |
| ボーナス ① | | 奖金、红包 |
| | | |
| ばんぐみ ⓪ | 番組 | 节目 |
| ドラマ ① | | 电视剧 |
| しょうせつ ⓪ | 小説 | 小说 |

| | | |
|---|---|---|
| しょうせつか ⓪ | 小説家 | 小说家 |
| かしゅ ① | 歌手 | 歌手 |
| | | |
| かんりにん ⓪ | 管理人 | 管理人 |
| むすこ ⓪ | 息子 | （我的）儿子 |
| むすこさん ⓪ | 息子さん | （您的）儿子 |
| むすめ ③ | 娘 | （我的）女儿 |
| むすめさん ⓪ | 娘さん | （您的）女儿 |
| じぶん ⓪ | 自分 | 自己 |
| | | |
| しょうらい ① | 将来 | 将来 |
| しばらく ② | | 不久 |
| たいてい ⓪ | | 大概、通常、几乎 |
| | | |
| それに ⓪ | | 而且 |
| それで ⓪ | | 所以、因此 |

◻ 会話 ◻

[ちょっと] お願いが あるんですが。　我有件事想麻烦您一下。
ホームステイ ⑤　　　　　　　　　　外国人短期住在当地人家里体验生活
会話 ⓪　　　　　　　　　　　　　　会话
おしゃべりします Ⅲ　　　　　　　　聊天

┄┄┄ 読み物 ┄┄┄

| | |
|---|---|
| お知らせ ⓪ | 通知 |
| 日にち ⓪ | 日子 |
| 土 | 星期六 |
| 体育館 ④ | 体育馆 |
| 無料 ⓪ | 免费 |

## II. 翻译

### 句型

1. 一边听音乐一边吃饭。
2. 每天早晨都跑步。
3. 地铁又快又便宜，坐地铁去吧。

### 例句

1. 疲倦的时候我嚼着口香糖开车。
   …是吗？我是把车停下来睡一会儿。
2. 太郎，不能一边看电视一边学习。
   …好吧。
3. 他一边工作一边上大学。
   …是吗？真了不起啊！
4. 节假日一般干什么？
   …嗯，一般是画画儿。
5. 瓦特老师又热心又认真，而且有经验。
   …真是一位好老师啊。
6. 田中先生经常旅行，但是不去外国吧。
   …是啊。语言不通，习惯也不一样，去国外旅行不容易。
7. 为什么选择了樱花大学？
   …因为樱花大学是我父亲读过的大学，好老师也很多，而且离家也近。

### 会话

#### 一边喝茶一边……

小川幸子： 米勒先生，有件事想麻烦您一下。
米　　勒： 什么事？
小川幸子： 您能教一教我儿子英语吗？
　　　　　他暑假要去澳大利亚住在居民家里，可还不能用英语对话。
米　　勒： 我倒是愿意教他，可是时间上……。
小川幸子： 一边喝茶一边聊天这样可以吗？
米　　勒： 嗯，我出差多，而且不久就有日语考试了……。
　　　　　而且以前我也没有教过……。
小川幸子： 不行吗？真可惜……。
米　　勒： 真对不起。

## III. 参考词汇

### うちを借りる 租房屋

怎样阅读租房广告

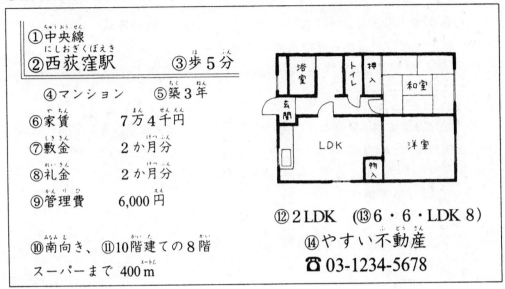

①电车线路

②最近的车站

③步行5分钟到车站

④用强化混凝土建造的高级公寓

　※アパート　　　公寓、一层或两层的木造公寓建筑

　　一戸建て　　　独栋房子、独门独院的房屋

⑤建成3年

⑥租金

⑦押金

　※押金是交给房东的钱。离开时会退还一部分。

⑧酬谢金

　※交给房东表示感谢的钱。

⑨管理费

⑩朝南

⑪位于高十层公寓的第8层

⑫起居室加厨房和两个房间

⑬两个房间分别是6畳，起居室8畳。

　※"畳"是表示房间面积大小的单位。

　　1畳表示一张榻榻米的大小（相当于180×90cm）。

⑭房地产代理商

## IV. 语法解释

1. 动词₁ます形ながら 动词₂

   这个句型表示同一人在一定时间内连续进行的两个动作（动词₁、动词₂）。动词₂是重点强调的动作。

   ① 音楽を 聞きながら 食事します。　　　一边听音乐一边吃饭。

   这个句型也可以表示某一时期两件事持续进行。

   ② 働きながら 日本語を 勉強して います。一边工作一边学习日语。

2. 动词て形 います

   某一行为习惯性地反复进行时，用这个句型表示。习惯性的行为是发生在过去时，用「て形 いました」。

   ③ 毎朝 ジョギングを して います。

   　　我每天早上跑步。

   ④ 子どものとき、毎晩8時に 寝て いました。

   　　我小时候，每天晚上8点睡觉。

3. 普通形し、〜

1) 这个句型用于从某一观点出发的并列叙述。例如，有几个句子都是叙述有关某一主题的优点时，就可以用这一句型连接起来。

   ⑤ ワット先生は 熱心だし、まじめだし、経験も あります。

   　　瓦特老师既热心又认真，而且有经验。

2) 并列叙述两个以上原因、理由时，也可以用此句型。目的在于为了强调原因、理由的多重性。

   ⑥ 駅から 近いし、車でも 来られるし、この 店は とても 便利です。

   　　离车站近，也可以开车来，这个商店非常方便。

   这时，如果结论很明显，也可以只列举理由，其他省掉。参照⑦。

   ⑦ 息子に 英語を 教えて いただけませんか。

   　　…うーん、出張も 多いし、もうすぐ 日本語の 試験も あるし、……。

   　　您能教一教我儿子英语吗？

   　　…嗯，我经常出差，不久又有日语的考试，……。

   另外，「〜し」一般并列叙述两个以上的理由，但有时也只叙述其中的一个。这时，与用「〜から」不同，它暗示还有其他的原因。

⑧ 色も きれいだし、この 靴を 買います。

　　　颜色也漂亮，就买这双鞋。

从例句⑤⑥⑦⑧可以看出，并列句中经常用助词「も」。这表达了说话人有多层评价和理由的语气。

## 4．それに

「それに」表示在某一事情和情况下，再添加一个事情和情况时。

⑨ どうして さくら大学を 選んだんですか。

　…さくら大学は、父が 出た 大学だし、いい 先生も 多いし、
　　それに 家から 近いですから。

　　为什么选择了樱花大学？

　　…因为樱花大学是我父亲就读过的大学，好老师也很多，而且离家也很近。

## 5．それで

用「それで」这个接续词，表示其前面叙述的事情是「それで」后面接续的句子的理由和原因。

⑩ この レストランは 値段も 安いし、おいしいんです。

　…それで 人が 多いんですね。

　　这家餐厅价格便宜，味道又好。

　　…所以人才这么多啊。

## 6．よく この 喫茶店に 来るんですか

在这个句子（参考练习Ｃ２）中，用表示到达点的助词「に」代替表示方向的助词「へ」。「いきます」「きます」「かえります」和「しゅっちょうします」等动词，可以和「場所へ」「場所に」中任何一个一起用。

# 第 29 课

## I. 单词

| | | |
|---|---|---|
| あきます I<br>[ドアが～] | 開きます | [门]开着 |
| しまります I<br>[ドアが～] | 閉まります | [门]关着 |
| つきます I<br>[でんきが～] | [電気が～] | [灯]开着 |
| きえます II<br>[でんきが～] | 消えます<br>[電気が～] | [灯]关着 |
| こみます I<br>[みちが～] | 込みます<br>[道が～] | [道路]拥挤 |
| すきます I<br>[みちが～] | [道が～] | [道路]不挤 |
| こわれます II<br>[いすが～] | 壊れます | [椅子]坏了 |
| われます II<br>[コップが～] | 割れます | [杯子]破了 |
| おれます II<br>[きが～] | 折れます<br>[木が～] | [树]倒了 |
| やぶれます II<br>[かみが～] | 破れます<br>[紙が～] | [纸]撕烂了 |
| よごれます II<br>[ふくが～] | 汚れます<br>[服が～] | [衣服]脏了 |
| つきます I<br>[ポケットが～] | 付きます | 带有[口袋] |
| はずれます II<br>[ボタンが～] | 外れます | [纽扣]掉了 |
| とまります I<br>[エレベーターが～] | 止まります | [电梯]停了 |
| まちがえます II | | 弄错 |
| おとします I | 落とします | 丢失、弄丢 |
| かかります I<br>[かぎが～] | 掛かります | 上着[锁] |
| | | |
| [お]さら⓪ | [お]皿 | 盘子 |
| [お]ちゃわん⓪ | | 饭碗 |
| コップ⓪ | | 杯子 |

| | | |
|---|---|---|
| ガラス ⓪ | | 玻璃 |
| ふくろ ③ | 袋 | 袋子 |
| さいふ ⓪ | 財布 | 钱包 |
| えだ ⓪ | 枝 | 树枝 |
| えきいん ② | 駅員 | 车站工作人员 |
| このへん | この辺 | 这一带、这附近 |
| ～へん | ～辺 | ～的附近 |
| このくらい | | 这样大小的 |

| | | |
|---|---|---|
| おさきに どうぞ。 | お先に どうぞ。 | 您先请。 |
| [ああ、] よかった。 | | [啊,] 太好了。（用于放心时）|

◻ 会話 ◻

| | |
|---|---|
| 今の 電車 | 刚才的电车 |
| 忘れ物 ⓪ | 遗忘的东西 |
| ～側 | ～一侧的、～一边的 |
| ポケット ② | 口袋 |
| 覚えて いません。 | 不记得了。 |
| 網棚 ⓪ | 行李网 |
| 確か ① | 我记得、应该是、可能 |
| ※四ツ谷 | 四谷（东京的车站名）|

······ 読み物 ······

| | |
|---|---|
| 地震 ⓪ | 地震 |
| 壁 ⓪ | 墙壁 |
| 針 ① | （钟表的）指针 |
| 指します Ⅰ | 指 |
| 駅前 ③ | 车站前 |
| 倒れます Ⅱ | 倒、倒下 |
| 西 ⓪ | 西 |
| 方 ① | 方向 |
| ※三宮 | 三宫（神户的地名）|

## II. 翻译

### 句型
1. 窗户关着。
2. 这台自动售货机坏了。
3. 把伞忘在电车上了。

### 例句
1. 会议室是锁着的。
   …那就跟渡边说一声，让他给开一下。
2. 可以用一下这台传真机吗？
   …那台是坏的，请用那边的。
3. 胥米特先生带来的葡萄酒放在哪里？
   …大家一起给喝光了。
4. 去吃午饭吗？
   …对不起。我要把这封信写完，你先去吧。
5. 赶上新干线了吗？
   …没有。路上堵车，去晚了。
6. 我把票丢了，怎么办呢？
   …跟那边的车站工作人员说明一下吧。

### 会话
#### 东西忘了

李　　　　　：　对不起。我的东西忘在刚才的电车上了……
工作人员：　什么东西忘了？
李　　　　　：　蓝色的包。这样大小的…。
　　　　　　　　包的外侧有一个大口袋。
工作人员：　在什么位置？
李　　　　　：　记不太清楚了。不过是放在行李架上的。
工作人员：　里面有什么东西？
李　　　　　：　记得里面有书和伞。
工作人员：　我马上联系一下，请稍等。

----------------------------------------

工作人员：　找到了。
李　　　　　：　那太好了。
工作人员：　东西在四谷车站，怎么办？
李　　　　　：　我马上去取。
工作人员：　请到四谷车站的办公室去取。
李　　　　　：　好，太谢谢了。

## III. 参考词汇

### 状態・様子　状态和样子

## IV. 语法解释

### 1. 动词て形 います

用「动词て形 います」，表示动词表达的动作或作用产生的结果状态一直存续的情况。

#### 1) 名词が 动词て形 います

① 窓が 割れて います。　　　　　　　　窗户破了。
② 電気が ついて います。　　　　　　　灯开着。

这些例句都是说话人如实描写眼前的状态时，用助词「が」表示动作或状态的主体。例如，例句①表示过去的某一时间窗户破了，现在其状态仍然存续着（＝窗户被打破后的状态）。这种句子里出现的动词是自动词，其中大部分表示动作、作用瞬间结束。这种动词有「こわれます」「きえます」「あきます」「こみます」等。

 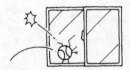 

　　　　　　　窓が 割れました　　　窓が 割れて います

同样，描写过去某一时间的状态时，用「动词て形 いました」。

③ けさは 道が 込んで いました。　　　今天早上路上很拥挤。

#### 2) 名词は 动词て形 います

将动作或作用的主体提示为主题时，用助词「は」提示。例如例句④，说话人用指示词「この」，明确地提示哪把椅子是主题，向听话人说明其状态。

④ この いすは 壊れて います。　　　　这把椅子坏了。

### 2. 动词て形 しまいました／しまいます

「动词て形 しまいました」是强调那个行为或事情已经完了的表达方式。

⑤ シュミットさんが 持って 来た ワインは 全部 飲んで しまいました。

胥米特先生带来的葡萄酒全都喝完了。

⑥ 漢字の 宿題は もう やって しまいました。

汉字的作业已经全部做完了。

用「动词ました」也可以表示完了的意思，但用「动词て形 しまいました」则是强调完了的意思。因此「もう」「ぜんぶ」等强调完了的副词也常常一起使用。由于这些特点，例句⑤强调葡萄酒一点也不剩的结果状态，例句⑥则反映说话人放心的心理。

另外，「动词て形 しまいます」还可以表示将来时的完了。

⑦ 昼ごはんまでに レポートを 書いて しまいます。
　　　我要在吃午饭之前把报告写完。

3. 动词て形 しまいました

这是在为难状态下的困惑、后悔的表达方式。

⑧ パスポートを なくして しまいました。　护照弄丢了。
⑨ パソコンが 故障して しまいました。　电脑出了故障了。

「护照丢了」和「电脑出了故障」这样的事实，用「なくしました」「こしょうしました」这样的过去时态也可以表达，但是⑧⑨这样的表达方式，可以反映出说话人对这件事后悔或困惑的心情。

4. ありました

⑩ [かばんが] ありましたよ。　　　　[包]找到了。

这个句子里的「ありました」，是表示说话人发现「有包」这个事实，而不是「以前那里有包」的意思。

5. どこかで／どこかに

第13课说明了「どこかへ」的「へ」，「なにかを」的「を」可以省略，但是「どこかで」的「で」(⑪)，「どこかに」的「に」(⑫) 不能省略。

⑪ どこかで 財布を なくして しまいました。
　　　不知在哪里把钱包弄丢了。
⑫ どこかに 電話が ありませんか。
　　　哪里有电话？

# 第 30 课

## I. 単词

| | | |
|---|---|---|
| はります I | | 贴、张挂 |
| かけます II | 掛けます | 挂、悬挂 |
| かざります I | 飾ります | 装饰 |
| ならべます II | 並べます | 排列 |
| うえます II | 植えます | 种植 |
| もどします I | 戻します | 还、归还、送回 |
| まとめます II | | 整理、收拾好 |
| かたづけます II | 片づけます | 整理 |
| しまいます I | | 收拾 |
| きめます II | 決めます | 决定 |
| しらせます II | 知らせます | 通知 |
| そうだんします III | 相談します | 商量、讨论 |
| よしゅうします III | 予習します | 预习 |
| ふくしゅうします III | 復習します | 复习 |
| そのままに します III | | 保持原状 |
| | | |
| おこさん ⓪ | お子さん | （您的）孩子 |
| | | |
| じゅぎょう ① | 授業 | 课、课程 |
| こうぎ ① | 講義 | 上课、讲义 |
| ミーティング ⓪ | | 会议 |
| よてい ⓪ | 予定 | 计划、预定 |
| おしらせ | お知らせ | 通知 |
| | | |
| あんないしょ ⓪ | 案内書 | （旅行）指南 |
| カレンダー ② | | 日历 |
| ポスター ① | | 宣传画 |
| ごみばこ ⓪ | ごみ箱 | 垃圾箱 |
| にんぎょう ⓪ | 人形 | 偶人 |
| かびん ⓪ | 花瓶 | 花瓶 |
| かがみ ③ | 鏡 | 镜子 |
| ひきだし ⓪ | 引き出し | 抽屉 |
| | | |
| げんかん ① | 玄関 | 大门、入口 |
| ろうか ⓪ | 廊下 | 走廊、过道 |
| かべ ⓪ | 壁 | 墙壁 |

| | | |
|---|---|---|
| いけ② | 池 | 水池、池塘 |
| こうばん⓪ | 交番 | 派出所 |
| もとの ところ | 元の 所 | 原来的地方 |
| まわり⓪ | 周り | 周围、附近 |
| まんなか⓪ | 真ん中 | 正中间 |
| すみ① | 隅 | 角落 |
| まだ① | | 还 |
| ～ほど | | 大约～、大概～ |

◻会話◻

| | |
|---|---|
| 予定表⓪ | 日程、时间表 |
| ご苦労さま。 | 您辛苦了。（用于上司或年长者对手下人的工作表示感谢时） |
| 希望⓪ | 要求、希望 |
| 何か ご希望が ありますか。 | 您有什么要求吗？ |
| ミュージカル① | 音乐剧、音乐的 |
| それは いいですね。 | 那太好了。 |
| ※ブロードウェイ | 百老汇 |

·····読み物·····

| | |
|---|---|
| 丸い⓪ | 圆(的) |
| 月② | 月亮 |
| ある ～ | 某个～、一个～ |
| 地球⓪ | 地球 |
| うれしい③ | 高兴(的)、愉快(的)、快乐(的) |
| 嫌[な]② | 讨厌 |
| すると⓪ | 于是、这么一来 |
| 目が 覚めます Ⅱ | 醒、睡醒 |

## II. 翻译

### 句型
1. 派出所里贴着城区的地图。
2. 去旅行前看一看旅行指南。

### 例句
1. 车站的新厕所真有意思啊！
   …是吗？
   墙上画着花和动物的图案。
2. 透明胶带在哪里？
   …放在那个抽屉里面了。
3. 您孩子的名字已经取好了吗？
   …没有。生下来以后再考虑。
4. 下次会议以前应该做些什么（准备）才好呢？
   …请把这份资料看一看。
5. 我想参加义务活动，能请两周假吗？
   …两周吗？嗯，我跟部长商量一下。
6. 用完剪刀后请放回原来的地方。
   …是，知道了。
7. 资料可以收拾起来了吗？
   …不用，保持原样就行了。
   回头还要用呢。

### 会话
#### 预定票

米　　勒：　科长，去纽约出差的计划表和资料都准备好了。
中村科长：　辛苦了。资料我回头再看，先放在那里吧。
米　　勒：　是。
中村科长：　计划表是这个吧。
　　　　　　已经跟怀特先生联系上了吗？
米　　勒：　联系上了。
　　　　　　这天的下午还没有安排。
中村科长：　啊，是啊。
米　　勒：　您有什么要求吗？
中村科长：　我想在百老汇看一次音乐剧。
米　　勒：　那好啊，我预定一下票。
中村科长：　那就麻烦你了。

III. 参考词汇

## 位置 方位、位置

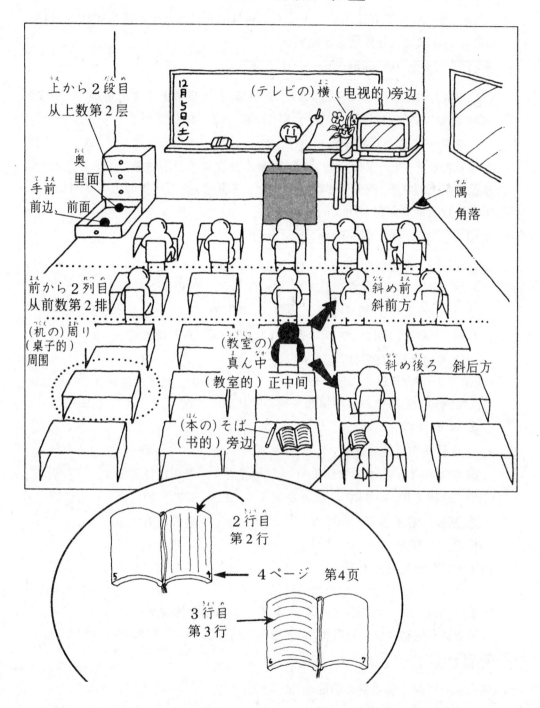

## IV. 语法解释

1. 动词て形 あります

「动词て形 あります」表示某人带有某种意图的行为结果和发生的状态。这里用的动词是他动词并且是意志动词。

1) 名词₁に 名词₂が 动词て形 あります

① 机の 上に メモが 置いて あります。桌子上放着记录本。
② カレンダーに 今月の 予定が 書いて あります。
月历上写着本月的计划。

例句①表示某人（为了以后能看）把记录本放在桌子上的结果，出现了记录本被放置在桌上的状态。例句②表示某人（为了不忘记）在月历上写上了本月的计划，结果出现了计划写在月历上的状态。

2) 名词₂は 名词₁に 动词て形 あります

这个句型用于将句型1)的名词₂作为主题叙述时。

③ メモは どこですか。　　　　　　　记录本在哪里？
　…［メモは］机の 上に 置いてあります。…［记录本］放在桌子上。
④ 今月の 予定は カレンダーに 書いて あります。
本月的计划写在月历上。

3)「动词て形 あります」是表示某人为了某种目的做了某事的结果状态，所以也可以像例句⑤⑥那样表示事情准备完毕的状态。多跟「もう」一起使用。

⑤ 誕生日の プレゼントは もう 買って あります。
生日礼物已经买好了。
⑥ ホテルは もう 予約して あります。　饭店已经预定了。

［注］「动词て形 います」和「动词て形 あります」的区别
⑦ 窓が 閉まって います。　　　　窗户关着。
⑧ 窓が 閉めて あります。　　　　窗户关上了。

例句⑦只是叙述窗户关着的状态，而例句⑧则表示这是为了某种目的、意图"某人（也包含自己）"的行为产生的结果。「动词て形 います」中用的动词几乎都是自动词，而「动词て形 あります」里面则用他动词。

自动词和他动词成对的有很多。（参考主教材228页「自動詞と他動詞」）

2. 动词て形 おきます

1) 表示某一时间之前结束必要的动作、行为。

⑨ 旅行の まえに 切符を 買って おきます。
　　去旅行前买好票。
⑩ 次の 会議までに 何を して おいたら いいですか。
　　…この 資料を 読んで おいて ください。
　　下次会议以前应该做些什么（准备）才好呢?
　　　…请把这份资料看一下。
2）表示为下次使用而完成必要的动作或采取一时的措施。
⑪ はさみを 使ったら、元の 所に 戻して おいて ください。
　　用完剪刀以后，请放回原来的地方。
3）表示让结果状态持续下去。
⑫ あした 会議が ありますから、いすは この ままに して おいて ください。
　　明天有会议，椅子请保持原状。
　[注]在口语中常常把「〜て おきます」说成「〜ときます」。
⑬ そこに 置いといて（置いて おいて）ください。
　　请放在那里。

3. まだ 动词（肯定形）　　还…
⑭ まだ 雨が 降って います。　　　　　　雨还在下。
⑮ 道具を 片づけましょうか。
　　…まだ 使って いますから、その ままに して おいて ください。
　　把工具都收拾好吧。
　　　…还在用，请保持原样。
上面的例句中的「まだ」表示动作、状态仍然持续的意思。

4. それは 〜
⑯ ブロードウェイで ミュージカルを 見たいと 思うんですが……。
　　…それは いいですね。
　　我想在百老汇看音乐剧。
　　　…那不错啊。
⑰ 来月から 大阪の 本社に 転勤なんです。
　　…それは おめでとう ございます。
　　从下个月开始就调到大阪的总公司工作。
　　　…那祝贺你。　　　　　　　　　　　　　　　　　　　（第31课）
⑱ 時々 頭や 胃が 痛く なるんです。
　　…それは いけませんね。
　　有时头或胃疼。
　　　…那可不行啊。　　　　　　　　　　　　　　　　　　（第32课）
例句⑯⑰⑱中的「それ」指对方刚才叙述的事情。

# 第 31 课

## I. 単词

| | | |
|---|---|---|
| はじまります I [しきが～] | 始まります [式が～] | [仪式] 开始 |
| つづけます II | 続けます | 继续 |
| みつけます II | 見つけます | 找、寻找 |
| うけます II [しけんを～] | 受けます [試験を～] | 参加 [考试] |
| にゅうがくします III [だいがくに～] | 入学します [大学に～] | 进、上 [大学] |
| そつぎょうします III [だいがくを～] | 卒業します [大学を～] | [大学] 毕业 |
| しゅっせきします III [かいぎに～] | 出席します [会議に～] | 出席 [会议] |
| きゅうけいします III | 休憩します | 休息 |
| | | |
| れんきゅう ⓪ | 連休 | 连休 |
| | | |
| さくぶん ⓪ | 作文 | 作文、写作 |
| | | |
| てんらんかい ③ | 展覧会 | 展览会 |
| けっこんしき ③ | 結婚式 | 结婚典礼 |
| [お]そうしき ⓪ | [お]葬式 | 葬礼 |
| しき ② | 式 | 仪式 |
| | | |
| ほんしゃ ① | 本社 | 总社、本社、总公司 |
| してん ⓪ | 支店 | 分社、子公司 |
| きょうかい ⓪ | 教会 | 教堂 |
| だいがくいん ④ | 大学院 | 大学院、研究生院 |
| どうぶつえん ④ | 動物園 | 动物园 |
| おんせん ⓪ | 温泉 | 温泉 |
| | | |
| おきゃく[さん] | お客[さん] | 客人、游客、顾客 |
| だれか | | 某人 |
| | | |
| ～の ほう | ～の 方 | ～的方向、～的方面 |

| | |
|---|---|
| ずっと ⓪ | 一直 |
| ※ピカソ | 毕加索（西班牙画家，1881～1973） |
| ※上野公園 | 上野公园（位于东京） |

◻会話◻

| | |
|---|---|
| 残ります Ⅰ | 留下 |
| 月に | 每个月、每月 |
| 普通の | 平常的、一般的 |
| インターネット | 互联网，因特网 |

……読み物……

| | |
|---|---|
| 村 ② | 村、村庄 |
| 映画館 ③ | 电影院 |
| 嫌[な] ② | 讨厌、令人厌倦 |
| 空 ① | 天空 |
| 閉じます Ⅱ | 闭上、关上 |
| 都会 ⓪ | 城市 |
| 子どもたち | 孩子们 |
| 自由に | 自由地 |
| 世界中 | 全世界 |
| 集まります Ⅰ | 集中 |
| 美しい ④ | 美丽（的） |
| 自然 ⓪ | 自然 |
| すばらしさ ③ | 美好、优点 |
| 気がつきます Ⅰ | 意识到、注意到、发现 |

## II. 翻译

### 句型
1. 一起喝酒吧。
2. 将来我想创建自己的公司。
3. 下个月我打算买车。

### 例句
1. 累了，休息一下吗？
   …好吧。
2. 新年的时候干什么？
   …我想和家人一起去温泉。
   这是个好主意啊。
3. 报告写好了吗？
   …还没写。
   我想星期五以前写好。
4. 汉斯君你回国以后还继续练柔道吗？
   …是，打算继续练。
5. 暑假不回国吗？
   …是。因为要参加研究生院的考试，今年打算不回去了。
6. 明天开始去纽约出差。
   …是吗？什么时候回来？
   计划下周的星期五回来。

### 会话
#### 我想开始用互联网络

小　川：　从下个月开始我就是单身了。
米　勒：　哎？
小　川：　其实我要调到大阪的总公司工作。
米　勒：　到总公司啊，那祝贺您。
　　　　　但是为什么是单身了呢？
小　川：　因为妻子和孩子都留在东京。
米　勒：　不一起去吗？
小　川：　因为儿子明年要考大学，说要留在东京，妻子也说不想辞去现在的工作。
米　勒：　哦，那就分开住了吗？
小　川：　是的。不过我打算每个月在周末回去两三次。
米　勒：　也不容易啊。
小　川：　因为平时有空，我想开始用互联网络。
米　勒：　是吗？那也不错。

## III. 参考词汇

### 専門(せんもん) 专业

|  |  |  |  |
|---|---|---|---|
| 医学(いがく) | 医学 | 政治学(せいじがく) | 政治学 |
| 薬学(やくがく) | 药学 | 国際関係学(こくさいかんけいがく) | 国际关系学 |
| 化学(かがく) | 化学 | 法律学(ほうりつがく) | 法学 |
| 生化学(せいかがく) | 生物化学 | 経済学(けいざいがく) | 经济学 |
| 生物学(せいぶつがく) | 生物学 | 経営学(けいえいがく) | 经营学 |
| 農学(のうがく) | 农学 | 社会学(しゃかいがく) | 社会学 |
| 地学(ちがく) | 地学 | 教育学(きょういくがく) | 教育学 |
| 地理学(ちりがく) | 地理学 | 文学(ぶんがく) | 文学 |
| 数学(すうがく) | 数学 | 言語学(げんごがく) | 语言学 |
| 物理学(ぶつりがく) | 物理学 | 心理学(しんりがく) | 心理学 |
| 工学(こうがく) | 工学 | 哲学(てつがく) | 哲学 |
| 土木工学(どぼくこうがく) | 土木工程学 | 宗教学(しゅうきょうがく) | 宗教学 |
| 電子工学(でんしこうがく) | 电子学 | 芸術(げいじゅつ) | 艺术 |
| 電気工学(でんきこうがく) | 电气工程学 | 美術(びじゅつ) | 美术 |
| 機械工学(きかいこうがく) | 机械工程学 | 音楽(おんがく) | 音乐 |
| コンピューター工学(こうがく) | 计算机工程学 | 体育学(たいいくがく) | 体育学 |
| 遺伝子工学(いでんしこうがく) | 遗传工程学 | | |
| 建築学(けんちくがく) | 建筑学 | | |
| 天文学(てんもんがく) | 天文学 | | |
| 環境科学(かんきょうかがく) | 环境科学 | | |

## Ⅳ. 语法解释

### 1. 意向形

动词意志形的变换方法如下。（参考主教材46页第31课练习A1）
　　Ⅰ类：将动词「ます形」最后的假名变为同一行的「お段」假名，再加上「う」。
　　Ⅱ类：在动词「ます形」后加上「よう」。
　　Ⅲ类：「きます」的意向形是「こよう」，「します」的意向形是「しよう」。

### 2. 意向形的用法

1) 用于简体的句子中。

意向形作为「～ましょう」的简体形，用于简体的句子中。

　　① ちょっと 休まない？　　　　　　　不休息一下吗？
　　　…うん、休もう。　　　　　　　　…嗯，休息一下吧。
　　② 少し 休もうか。　　　　　　　　稍微休息一下吧。
　　③ 手伝おうか。　　　　　　　　　　我帮帮你吧。

[注] 例句②③虽然是简体的疑问句，但句末的助词「か」不能省略。

2) 动词意向形と 思って います

这个句型用于向对方表明说话人自己的意志。「动词意向形と おもいます」也有同样的意思，但是「动词意向形と おもって います」含有在说话前已经下决心了，现在还仍然持续着的意思。

　　④ 週末は 海に 行こうと 思って います。

　　　我想周末去海边。

　　⑤ 今から 銀行へ 行こうと 思います。

　　　我想现在去银行。

[注]「动词意向形と おもって います」也可以表示第三者的意志。

　　⑥ 彼は 外国で 働こうと 思って います。

　　　他想到外国工作。

### 3. 动词字典形 / 动词ない形ない } つもりです

要表示做某个动作的意志要用「动词字典形 つもりです」，而表示不做的意志要用「动词ない形ない つもりです」。

　　⑦ 国へ 帰っても、柔道を 続ける つもりです。

　　　我想回国以后也继续练柔道。

　　⑧ あしたからは たばこを 吸わない つもりです。

　　　我想从明天开始就不吸烟了。

[注]「动词意向形と おもって います」与「动词字典形 つもりです」在意义上没有什么差别，但要表示肯定的意愿和坚定的决心时，一般多用「动词字典形 つもりです」。

4. 动词字典形 ／ 名词の ｝予定です

这种形式可以叙述预定的计划。

⑨ 7月の 終わりに ドイツへ 出張する 予定です。

　　7月底预定去德国出差。

⑩ 旅行は 1週間ぐらいの 予定です。

　　旅行预定一星期左右。

5. まだ 动词て形 いません

用它表示现在事情没有发生或动作没有进行。

⑪ 銀行は まだ 開いて いません。　　银行还没开门。
⑫ レポートは もう 書きましたか。　　报告已经写了吗？
　　…いいえ、まだ 書いて いません。　…不，还没写。

6. こ〜／そ〜

在文章中指前面出现过的词和句时，用「そ」系列的指示语。但是在表示犹如展示在读者眼前般时，也有作者用「こ」系列的指示语。

⑬ 東京に ない 物が 1つだけ ある。それは 美しい 自然だ。

　　东京只有一样东西没有。那就是美丽的大自然。

⑭ わたしが いちばん 欲しい 物は「どこでも ドア」です。この ドアを 開けると、どこでも 行きたい 所へ 行けます。

　　我最想要的东西是"神奇的门"。打开这扇门，就可以到任何想去的地方。

（第27课）

# 第 32 课

## I. 单词

| | | |
|---|---|---|
| うんどうします Ⅲ | 運動します | 运动 |
| せいこうします Ⅲ | 成功します | 成功 |
| しっぱいします Ⅲ [しけんに～] | 失敗します [試験に～] | [考试]失败 |
| ごうかくします Ⅲ [しけんに～] | 合格します [試験に～] | [考试]通过、合格 |
| もどります Ⅰ | 戻ります | 返回 |
| やみます Ⅰ [あめが～] | [雨が～] | [雨]停了 |
| はれます Ⅱ | 晴れます | 晴朗 |
| くもります Ⅰ | 曇ります | 阴天 |
| ふきます Ⅰ [かぜが～] | 吹きます [風が～] | 刮[风] |
| なおります Ⅰ [びょうきが～] [こしょうが～] | 治ります、直ります [病気が～] [故障が～] | 治疗、治好[病] 排除[故障] |
| つづきます Ⅰ [ねつが～] | 続きます [熱が～] | 持续[发高烧] |
| ひきます Ⅰ [かぜを～] | | 患[感冒] |
| ひやします Ⅰ | 冷やします | 冰镇 |
| しんぱい[な] ⓪ | 心配[な] | 担心的 |
| じゅうぶん[な] | 十分[な] | 足够的 |
| おかしい ③ | | 奇怪(的)、可疑(的) |
| うるさい ③ | | 吵闹(的)、烦人(的) |
| やけど ⓪ | | 烧伤、烫伤(～を します：烧烫伤) |
| けが ② | | 伤(～を します：受伤) |
| せき ② | | 咳嗽(～が でます：咳嗽) |
| インフルエンザ ⑤ | | 流行性感冒 |
| そら ① | 空 | 天空 |
| たいよう ① | 太陽 | 太阳 |
| ほし ⓪ | 星 | 星星 |
| つき ② | 月 | 月亮 |
| かぜ ⓪ | 風 | 风 |

| | | | |
|---|---|---|---|
| きた⓪ | | 北 | 北 |
| みなみ⓪ | | 南 | 南 |
| にし⓪ | | 西 | 西 |
| ひがし⓪ | | 東 | 东 |
| | | | |
| すいどう⓪ | | 水道 | 水道、水管 |
| エンジン① | | | 发动机 |
| チーム① | | | 队 |
| | | | |
| こんや① | | 今夜 | 今天晚上 |
| ゆうがた⓪ | | 夕方 | 傍晚 |
| まえ① | | | 以前 |
| おそく | | 遅く | 晚（时间上的） |
| | | | |
| こんなに⓪ | | | 这么 |
| そんなに⓪ | | | 那么（与听话人有关的事） |
| あんなに⓪ | | | 那么（与说话人、听话人都无关的） |
| もしかしたら | | | 如果、万一 |
| それは いけませんね。 | | | 那可不行啊！ |
| ※オリンピック④ | | | 奥林匹克运动会 |

□会話□

| | |
|---|---|
| 元気① | 健康、精神焕发 |
| 胃 | 胃 |
| 働きすぎ | 工作过度劳累 |
| ストレス② | 疲劳、紧张 |
| 無理を します Ⅲ | 勉强 |
| ゆっくり します Ⅲ | 好好休息、慢慢做 |

……読み物……

| | |
|---|---|
| 星占い | 占星术、星相 |
| 牡牛座 | 金牛座 |
| 困ります Ⅰ | 麻烦了、糟了 |
| 宝くじ③ | 彩票 |
| 当たります［宝くじが～］Ⅰ | 中［彩票］ |
| 健康⓪ | 健康 |
| 恋愛⓪ | 恋爱 |
| 恋人⓪ | 恋人 |
| ［お］金持ち③ | 有钱人、大款 |

## II. 翻译

### 句型
1. 最好每天运动。
2. 明天会下雪吧。
3. 可能赶不上约好的时间。

### 例句
1. 最近的学生老是玩儿啊。
   …是啊。但是我想年轻的时候多积累一些经验为好。
2. 我想到欧洲去玩一个月左右，40万日元够吗？
   …足够了。
     但是，最好不要带着现金去。
3. 日本的经济会怎么样呢？
   …是啊，还不会很快恢复吧。
4. 奥林匹克运动会会举办成功吗？
   …没问题吧。
     因为从很早以前就开始准备了。
5. 医生，汉斯是得的什么病？
   …是流行性感冒。可能要持续发三天左右的高烧，但是用不着担心。
6. 你不觉得发动机的声音有点儿怪吗？
   …是的，也许是出故障了。
     立即返回机场吧。

### 会话
#### 也许是生病了

渡　边：　胥米特先生，你怎么了？没精神啊。
胥米特：　最近身体状况不太好。
　　　　　有时候头疼胃疼。
渡　边：　那可不行啊。也许是生病了，最好去医院看一下。
胥米特：　也是。

------

胥米特：　医生，我哪里不好？
医　生：　没有什么严重的问题。
　　　　　工作忙吗？
胥米特：　是的，最近加班比较多。
医　生：　因工作过于劳累，工作太紧张的缘故。
胥米特：　是吗？
医　生：　不要过于勉强。
　　　　　请个假，稍微休息一下吧。
胥米特：　好的，知道了。

# III. 参考词汇

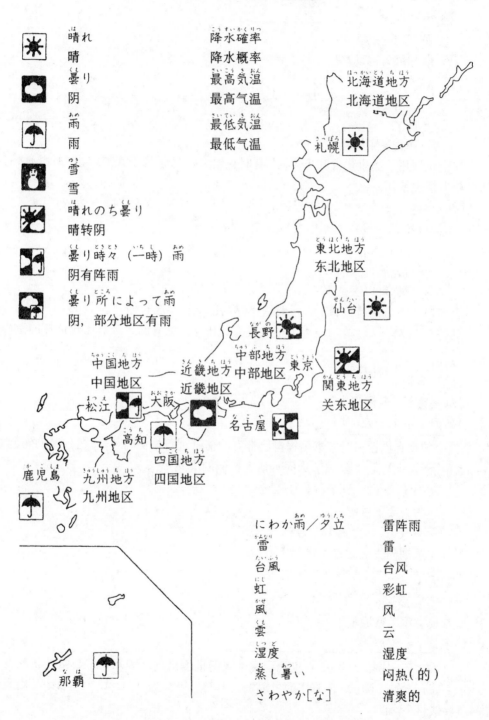

## IV. 语法解释

1. $\left.\begin{array}{l}\text{动词た形}\\\text{动词ない形ない}\end{array}\right\}$ ほうが いいです

   ① 毎日 運動した ほうが いいです。
      最好每天运动。
   ② 熱が あるんです。
      …じゃ、おふろに 入らない ほうが いいですよ。
      发烧了。
      …那最好别洗澡。

   这个句型用于提供建议和忠告时。有时也给人一种强加于人的印象，所以有必要根据情况使用。

   [注]「～た ほうが いい」和「～たら いい」的区别
   ③ 日本の お寺が 見たいんですが……。
      …じゃ、京都へ 行ったら いいですよ。
      我想看看日本的寺院。
      …那你可以去京都。

   例句③（不是进行选择）是一般提供建议的场面，这时用「～たら いい」。而句型「～た ほうが いい」虽然没有说出来，也有两者进行比较选择的意思。

2. $\left.\begin{array}{l}\text{动词}\\\text{い形容词}\\\text{な形容词}\\\text{名词}\end{array}\right\}$ $\left.\begin{array}{l}\text{普通形}\\\text{普通形}\\\text{～だ}\end{array}\right\}$ でしょう

   这个句型是说话人对某事根据自己拥有的信息进行推测时使用。另外像例句⑤那样用于疑问句时，就成了询问听话人推测的问句了。

   ④ あしたは 雨が 降るでしょう。
      明天会下雨吧。
   ⑤ タワポンさんは 合格するでしょうか。
      瓦朋先生会通过考试吧？

3. $\left.\begin{array}{l}\text{动词}\\\text{い形容词}\\\text{な形容词}\\\text{名词}\end{array}\right\}$ $\left.\begin{array}{l}\text{普通形}\\\text{普通形}\\\text{～だ}\end{array}\right\}$ かも しれません

   「～かも しれません」也表示说话人的推测语气，表示某一事情或状况发生了或有发生（现在、未来）的可能性。但是，与「～でしょう」相比其确定性要低得多。

   ⑥ 約束の 時間に 間に 合わないかも しれません。
      可能赶不上约定的时间。

## 4．きっと／たぶん／もしかしたら

1）きっと

　　这个副词在说话人对自己的推测很有信心时用。它的使用范围是从确信度很高接近于断定的推测，到「～でしょう」这样程度的推测。

　　⑦ ミラーさんは きっと 来ます。　　　　　米勒先生肯定会来。

　　⑧ あしたは きっと 雨でしょう。　　　　　明天一定会下雨吧。

2）たぶん

　　比「きっと」确信度低一些的推测。常常与「～でしょう」一起用。此外，像例句⑩一样，也常与「～と おもいます」（第21课）一起用。

　　⑨ ミラーさんは 来るでしょうか。　　　　米勒先生会来吧。

　　　…たぶん 来るでしょう。　　　　　　　　…可能会来吧。

　　⑩ 山田さんは この ニュースを たぶん 知らないと 思います。

　　　我想山田可能不知道这个消息。

3）もしかしたら

　　一般和「～かも しれません」一起用。在说话人推测的语气上，带有「もしかしたら」的句子，比不带的句子（例句⑪中的"不能毕业"）的可能性更低些。

　　⑪ もしかしたら 3月に 卒業できないかも しれません。

　　　可能3月毕不了业。

## 5．何か 心配な こと

　　⑫ 何か 心配な ことが あるんですか。

　　　有什么担心的事儿吗？

例句⑫中不能说「しんぱいな なにか」，只能说「なにか しんぱいな こと」。其他还有「なにか ～ もの」、「どこか ～ ところ」「だれか ～ ひと」「いつか ～ とき」等。

　　⑬ スキーに 行きたいんですが、どこか いい 所 ありませんか。

　　　我想去滑雪，有什么好地方吗？

## 6．数量词で

数量词后的「で」，表示某种状态、动作、事情等发生时需要的金额、时间、数量等的限度。

　　⑭ 駅まで 30分で 行けますか。

　　　30分钟能到车站吗？

　　⑮ 3万円で ビデオが 買えますか。

　　　3万日元能买台录像机吗？

# 第 33 课

## I. 单词

| | | |
|---|---|---|
| にげます II | 逃げます | 逃走 |
| さわぎます I | 騒ぎます | 吵嚷、吵闹 |
| あきらめます II | | 放弃、死心 |
| なげます II | 投げます | 扔、投 |
| まもります I | 守ります | 保持、坚持 |
| あげます II | 上げます | 举起、抬起 |
| さげます II | 下げます | 放下、放低 |
| つたえます II | 伝えます | 转告、转达 |
| ちゅういします III<br>［くるまに～］ | 注意します<br>［車に～］ | 小心、注意［汽车］ |
| はずします I<br>［せきを～］ | 外します<br>［席を～］ | 离开［座位］ |
| | | |
| だめ［な］② | | 不行、不好 |
| | | |
| せき① | 席 | 座位 |
| ファイト① | | 加油 |
| マーク① | | 标记、标志 |
| ボール⓪ | | 球 |
| | | |
| せんたくき④ | 洗濯機 | 洗衣机 |
| ～き | ～機 | ～机 |
| | | |
| きそく① | 規則 | 规则、规矩 |
| しようきんし | 使用禁止 | 禁止使用 |
| たちいりきんし | 立入禁止 | 禁止入内 |
| | | |
| いりぐち⓪ | 入口 | 入口 |
| でぐち① | 出口 | 出口 |
| ひじょうぐち② | 非常口 | 紧急出口 |
| | | |
| むりょう⓪ | 無料 | 免费 |
| ほんじつきゅうぎょう | 本日休業 | 本日休息 |
| えいぎょうちゅう | 営業中 | 正在营业、营业中 |
| しようちゅう | 使用中 | 正在使用 |
| ～ちゅう | ～中 | 正在～、～中 |

| | |
|---|---|
| どういう～ | 怎样的～、什么样的～ |
| もう① | 已经、不再（和否定形一起使用） |
| あと～ | ～以后 |

◻会話◻

| | |
|---|---|
| 駐車違反（ちゅうしゃいはん） | 违规停车 |
| そりゃあ | 那么 |
| ～以内（いない） | ～以内 |
| 警察（けいさつ）⓪ | 警察 |
| 罰金（ばっきん）⓪ | 罚款 |

……読み物……

| | |
|---|---|
| 電報（でんぽう）⓪ | 电报 |
| 人々（ひとびと）② | 人们 |
| 急用（きゅうよう）⓪ | 急事 |
| 打ちます[電報（でんぽう）を～] I | 发、拍[电报] |
| 電報代（でんぽうだい） | 电报费 |
| できるだけ | 尽量、尽力 |
| 短（みじか）く | 简短地 |
| また② | 另外、再者 |
| 例（たと）えば② | 例如 |
| キトク（危篤）⓪ | 病危 |
| 重（おも）い 病気（びょうき） | 重病 |
| 明日（あす）② | 明天 |
| 留守（るす）① | 不在 |
| 留守番（るすばん）⓪ | 看家、看家人 |
| [お]祝（いわ）い② | 祝贺、庆祝 |
| 亡（な）くなります I | 去世 |
| 悲（かな）しみ | 悲伤、悲痛 |
| 利用（りよう）します Ⅲ | 利用、使用 |

## II. 翻译

### 句型
1. 快点儿！
2. 别碰！
3. 「立入禁止」就是禁止入内的意思。
4. 米勒先生说下周要去大阪出差。

### 例句
1. 不行了。跑不动了。
   …加油！就剩1000米了。
2. 已经没有时间了。
   …还有一分钟。别放弃，加油！
3. 那里写的是什么？
   …写着"止まれ"。
4. 那个汉字怎么念？
   …念"禁煙"。
   就是不要吸烟的意思。
5. 这个符号是什么意思？
   …是可以用洗衣机洗的意思。
6. 古普先生在吗？
   …现在出门了。他说30分钟以后回来。
7. 对不起，请您转告渡边小姐明天的晚会是6点开始。
   …好的。是6点开始吧。

### 会话

#### 这是什么意思？

瓦　　特：请问，我的车上贴着这样的纸条，这个汉字怎么念？
大学职员：念"ちゅうしゃいはん"。
瓦　　特："ちゅうしゃいはん"是什么意思？
大学职员：意思就是把车停在了按规定不能停车的地方。瓦特老师你把车停在什么地方了？
瓦　　特：车站的前面。我去买杂志，只有10分钟的时间。
大学职员：车站的前面就是10分钟也不行啊。
瓦　　特：这上面写着什么？
大学职员：写的是"请一周以内到警察局来"。
瓦　　特：只是这些吗？不付罚款也行吗？
大学职员：不，回头必须交15000日元的罚款。
瓦　　特：15000日元啊。
　　　　　杂志才300日元……

## III. 参考词汇

標識(ひょうしき)　标志、标记

営業中(えいぎょうちゅう)
正在营业

準備中(じゅんびちゅう)
正在准备

閉店(へいてん)
打烊

定休日(ていきゅうび)
公休日

化粧室(けしょうしつ)
化妆间

禁煙席(きんえんせき)
禁烟席

予約席(よやくせき)
预约席

非常口(ひじょうぐち)
紧急出口

火気厳禁(かきげんきん)
严禁烟火

割れ物注意(われものちゅうい)
易碎物品，小心轻放

運転初心者注意(うんてんしょしんしゃちゅうい)
实习，请多关照

工事中(こうじちゅう)
正在施工

塩素系漂白剤不可(えんそけいひょうはくざいふか)
不可漂白

手洗い(てあらい)
手洗

アイロン(低温)(ていおん)
低温熨烫

ドライクリーニング
干洗

## IV. 语法解释

### 1. 命令形、禁止形

1) 命令形的变换方法（参考主教材62页第33课练习A1）
   - Ⅰ类动词：将「ます形」的最后的假名换成「え段」假名。
   - Ⅱ类动词：在「ます形」后加上「ろ」。
   - Ⅲ类动词：「きます」变成「こい」,「します」变成「しろ」。
   - [注]「わかる」「できる」「ある」等不带意志的动词没有命令形。

2) 禁止形的变换方法（参考主教材62页第33课练习A1）
   任何动词的禁止形都是字典形后加上「な」。

### 2. 命令形和禁止形的用法

1) 命令形是强行要对方做某个动作时使用，而禁止形则是命令对方不要做某个动作时使用。由于这两种形式都带有强烈的语气，用于句末的情况不多。另外，口头上用的几乎都是男性。

2) 命令形、禁止形在单独或句末用时有以下情况。

   (1) 地位和年龄上者的男性对下者的男性，或者父亲对孩子使用。
   - ① 早く 寝ろ。　　　　　　　　　早点睡！
   - ② 遅れるな。　　　　　　　　　别迟到！

   (2) 男性的朋友之间。这时为了缓和语气，多在句末加上助词「よ」。
   - ③ あした うちへ 来い[よ]。　　明天到我家来（吧）！
   - ④ あまり 飲むな[よ]。　　　　　别喝多了！

   (3) 在工厂共同作业时的指示和在火灾、地震等紧急情况下，已经没有时间考虑对对方的谈话方式。但这时也往往只限于地位和年龄上者的男性使用。
   - ⑤ 逃げろ。　　　　　　　　　快逃！
   - ⑥ エレベーターを 使うな。　　别用电梯！

   (4) 团体训练、学校或俱乐部的体育活动中发出号令时。
   - ⑦ 休め。　　　　　　　　　稍息！
   - ⑧ 休むな。　　　　　　　　不要休息！

   (5) 运动竞赛观战为运动员加油时。这时女性也可以用。
   - ⑨ 頑張れ。　　　　　　　　加油！
   - ⑩ 負けるな。　　　　　　　别输给他（她）！

   (6) 交通标志或标语等要达到强烈效果或重视用语简洁时。
   - ⑪ 止まれ。　　　　　　　　停！
   - ⑫ 入るな。　　　　　　　　禁止进入！

［注］命令形式中也有「动词ます形なさい」的形式．这是父母对孩子、教师对学生等使用的表达方式，语气比动词命令形亲切．所以女性用它代替命令形使用．但是不能用于长辈或上级．

⑬ 勉強しなさい。　　　　　　　　　　　　去学习吧。

## 3．「～と 読みます」和「～と 書いて あります」

⑭ あの 漢字は 何と 読むんですか。　　那个汉字怎么读？

⑮ あそこに「止まれ」と 書いて あります。那里写着"止まれ"．

例句⑭⑮中的「と」和「～と いいます」（第21课）的「と」起着相同的作用．

## 4． XはYと いう 意味です　　X是Y的意思

这是用于给某一单词（X）下定义时．「と いう」是从「と いいます」转来的．对意思提问时疑问词用「どういう」．

⑯「立入禁止」は 入るなと いう 意味です。"立入禁止"是禁止入内的意思．

⑰ このマークは どういう 意味ですか。这个标志是什么意思？

　…洗濯機で 洗えると いう 意味です。…是可以用洗衣机洗的意思．

## 5． "句子"／普通形 と 言って いました

引用第三者的话时用「～と いいました」（第21课），但转告第三者的话时要用「～と いって いました」．

⑱ 田中さんは「あした 休みます」と 言って いました。

　田中先生说"明天休息"．

⑲ 田中さんは あした 休むと 言って いました。

　田中先生说他明天休息．

## 6． "句子"／普通形 と 伝えて いただけませんか

这个句型用于礼貌地请求转告时．

⑳ ワンさんに「あとで 電話を ください」と 伝えて いただけませんか。

　请转告小王回头给我打电话好吗．

㉑ すみませんが、渡辺さんに あしたの パーティーは 6時からだと 伝えて いただけませんか。

　对不起，请转告渡边小姐明天的晚会是从6点开始．

# 第 34 课

## I. 単词

| | | |
|---|---|---|
| みがきます I<br>[はを～] | 磨きます<br>[歯を～] | 刷 [牙] |
| くみたてます II | 組み立てます | 组装 |
| おります I | 折ります | 折断、折弯 |
| きが つきます I<br>[わすれものに～] | 気が つきます<br>[忘れ物に～] | 注意 [别忘东西] |
| つけます II<br>[しょうゆを～] | | 蘸上 [酱油] |
| みつかります I<br>[かぎが～] | 見つかります | 找到 [钥匙] |
| します III<br>[ネクタイを～] | | 系 [领带] |
| しつもんします III | 質問します | 提问 |
| ほそい ② | 細い | 瘦（的）、细（的） |
| ふとい ② | 太い | 胖（的）、粗（的） |
| ぼんおどり ③ | 盆踊り | 盂兰盆节舞 |
| スポーツクラブ | | 体育俱乐部、运动俱乐部 |
| かぐ ① | 家具 | 家具 |
| キー ① | | 钥匙 |
| シートベルト ④ | | 安全带 |
| せつめいしょ ⓪ | 説明書 | 说明书 |
| ず ① | 図 | 图 |
| せん ① | 線 | 线 |
| やじるし ② | 矢印 | 箭头 |
| くろ ① | 黒 | 黑 |
| しろ ① | 白 | 白 |
| あか ① | 赤 | 红 |
| あお ① | 青 | 蓝 |
| こん ① | 紺 | 深蓝 |
| きいろ ⓪ | 黄色 | 黄色 |
| ちゃいろ ⓪ | 茶色 | 茶色、棕色 |

| | |
|---|---|
| しょうゆ ⓪ | 酱油 |
| ソース ① | 酱汁、沙司 |
| ～か～ | ～或者～ |
| ゆうべ ③ | 昨晚 |
| さっき ① | 刚才 |

□会話□

| | |
|---|---|
| 茶道 ① | 茶道 |
| お茶を たてます Ⅱ | 泡茶、沏茶 |
| 先に ⓪ | 首先、先（表示行动的顺序） |
| 載せます Ⅱ | 放上 |
| これで いいですか。 | 这样可以吗？ |
| 苦い ② | 苦（的） |

……読み物……

| | |
|---|---|
| 親子どんぶり | 鸡肉鸡蛋盖浇饭 |
| 材料 ③ | 材料 |
| ～分 | ～分钟 |
| 鳥肉 | 鸡肉 |
| ～グラム | ～克 |
| ～個 | ～个（计算小件物品的量词） |
| たまねぎ ③ | 洋葱 |
| 4分の1（$\frac{1}{4}$） | 4分之1 |
| 調味料 ③ | 调味品 |
| なべ ① | 锅 |
| 火 ① | 火 |
| 火に かけます Ⅱ | 放在火上 |
| 煮ます Ⅱ | 煮 |
| 煮えます Ⅱ | 煮熟 |
| どんぶり ⓪ | 大海碗 |

## II. 翻译

### 句型
1. 请按我现在说的写。
2. 吃完饭以后刷牙。
3. 喝咖啡不加糖。

### 例句
1. 各位，练习盂兰盆舞吧。
   …好。
   请跟着我跳。
2. 我做了一个有趣的梦。
   …是什么样的梦？说说你都梦见什么了。
3. 这张桌子是自己组装吗？
   …是的，请根据说明书组装。很简单。
4. 在哪儿把钱包弄丢了？
   …不知道。是回家以后才发现的。
5. 工作完了以后去喝酒吗？
   …对不起。今天是去运动俱乐部的日子。
6. 参加朋友的结婚典礼穿什么衣服去好呢？
   …是啊。在日本男的穿黑色或者藏蓝色的西服，系着白色领带出席。
7. 这要蘸酱油吗？
   …不，什么都不要蘸就可以吃。
8. 你瘦了。是减肥了吗？
   …不是。我不坐公共汽车，步行到车站。

### 会话

#### 照我做的做

| | |
|---|---|
| 克 拉 拉： | 我想去看一次茶道……。 |
| 渡　  边： | 下周的星期六一起去看好吗？ |

--------------------------------------------------

| | |
|---|---|
| 茶道老师： | 渡边小姐，请沏茶。 |
| | 克拉拉小姐，请先尝点心。 |
| 克 拉 拉： | 是先吃点心吗？ |
| 茶道老师： | 是的。吃了甜点心之后再喝茶才好喝呢。 |
| 克 拉 拉： | 是这样啊。 |
| 茶道老师： | 好，现在喝茶吧。 |
| | 请跟着我做。 |
| | 先右手拿茶碗，放在左手上。 |
| 克 拉 拉： | 这样行吗？ |
| 茶道老师： | 好的。接着把茶碗转两次，然后再喝。 |

--------------------------------------------------

| | |
|---|---|
| 茶道老师： | 怎么样？ |
| 克 拉 拉： | 稍微有点苦，但很好喝。 |

## III. 参考词汇

### 料理　烹调

| 料理 | 烹调 |
|---|---|
| 煮る | 煮 |
| 焼く | 烤 |
| 揚げる | 油炸 |
| いためる | 炒 |
| ゆでる | 煮 |
| 蒸す | 蒸 |
| 炊く | 煮（饭） |
| むく | 剥、削 |
| 刻む | 切细、垛碎 |
| かき混ぜる | 和 |

### 調味料　调味品

| 調味料 | 调味品 |
|---|---|
| しょうゆ | 酱油 |
| 砂糖 | 糖 |
| 塩 | 盐 |
| 酢 | 醋 |
| みそ | 大酱 |
| 油 | 油 |
| ソース | 酱汁、沙司 |
| マヨネーズ | 蛋黄酱、生菜酱 |
| ケチャップ | 蕃茄酱 |
| からし（マスタード） | 芥末 |
| こしょう | 胡椒 |
| とうがらし | 辣椒 |
| しょうが | 姜 |
| わさび | 青芥辣 |
| カレー粉 | 咖喱粉 |

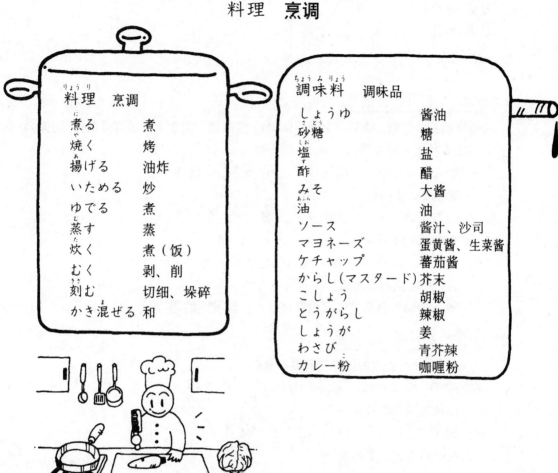

### 台所用品　厨房用具

| 台所用品 | 厨房用具 | 台所用品 | 厨房用具 |
|---|---|---|---|
| なべ | 锅 | 炊飯器 | 电饭锅 |
| やかん | 水壶 | しゃもじ | 饭勺 |
| ふた | 盖 | 缶切り | 开罐头刀 |
| おたま | 圆汤勺 | 栓抜き | 开瓶塞器 |
| まな板 | 菜板 | ざる | 笊篱 |
| 包丁 | 菜刀 | ポット | 暖壶 |
| ふきん | 抹布 | ガス台 | 煤气灶 |
| フライパン | 平底锅 | 流し［台］ | 洗涤台 |
| 電子オーブンレンジ | 微波炉 | 換気扇 | 换气扇 |

## IV. 语法解释

1. 
```
动词₁字典形
动词₁た形      } とおりに、动词₂
名词の
```

1) 动词₁ とおりに、动词₂

这是将听到、见到、读到、学到（动词₁）的东西，用文字、语言或动作（动词₂）如实地表现出来的意思。

① わたしが やる とおりに、やって ください。
　　请照着我做的做。
② わたしが 言う とおりに、書いて ください。
　　请按我说的写。
③ 見た とおりに、話して ください。
　　请把你看见的说出来。

动词₁表示的动作将要发生就用字典形,已经发生的用「た形」。

2) 名词の とおりに、动词

表示按照名词所规定的标准进行某个动作。

④ 線の とおりに、紙を 切って ください。
　　按这条线把纸裁开。
⑤ 説明書の とおりに、組み立てました。
　　按说明书进行了组装。

2. 
```
动词₁た形   } あとで、动词₂
名词の
```

动词₁或名词表示的事情进行（发生）后,再做动词₂所表示的事情。

⑥ 新しいのを 買った あとで、なくした 時計が 見つかりました。
　　买了新的后,丢了的表又找到了。
⑦ 仕事の あとで、飲みに 行きませんか。
　　工作结束后去喝酒吗?

它在语气上比表示同样意思的「动词て形から」更强调时间的前后关系。

3. | 动词₁て形
   | 动词₁ない形ないで  } 动词₂

动词₁表示附随在动词₂表示的动作、状态下。例如下，下面的例句⑧⑨中，叙述「たべます」这个动作进行时，蘸酱油还是不蘸酱油。动词₁和动词₂的行为主体是同一个。

⑧ しょうゆを つけて 食べます。　　蘸着酱油吃。

⑨ しょうゆを つけないで 食べます。　不蘸酱油吃。

4. 动词₁ない形ないで、动词₂

这个句型表示有两个不能同时进行的事物（动词₁、动词₂），选择其中一个（动词₂）进行。

⑩ 日曜日は どこも 行かないで、うちで ゆっくり 休みます。
　　星期天哪里也不去，在家里好好休息。

# 第 35 课

## I. 单词

| | | |
|---|---|---|
| さきます I [はなが～] | 咲きます [花が～] | 开［花］ |
| かわります I [いろが～] | 変わります [色が～] | 变［色］ |
| こまります I | 困ります | 麻烦、为难 |
| つけます II [まるを～] | 付けます [丸を～] | 加上、画［圈］ |
| ひろいます I | 拾います | 拾、捡 |
| かかります I [でんわが～] | [電話が～] | 打、挂［电话］ |
| らく[な] ② | 楽[な] | 轻松、容易 |
| ただしい ③ | 正しい | 正确(的) |
| めずらしい ④ | 珍しい | 少见(的)、不寻常(的)、珍奇(的) |
| かた ② | 方 | 位（对"ひと"的尊敬说法） |
| むこう ② | 向こう | 对面 |
| しま ② | 島 | 岛 |
| むら ② | 村 | 村、村庄 |
| みなと ⓪ | 港 | 港口 |
| きんじょ ① | 近所 | 邻居 |
| おくじょう ⓪ | 屋上 | 屋顶 |
| かいがい ① | 海外 | 海外、国外 |
| やまのぼり ③ | 山登り | 爬山、登山 |
| ハイキング ① | | 郊游 |
| きかい ② | 機会 | 机会 |
| きょか ① | 許可 | 许可 |
| まる ⓪ | 丸 | 圆圈 |
| そうさ ① | 操作 | 操作 |
| ほうほう ⓪ | 方法 | 方法 |

| | | |
|---|---|---|
| せつび① | 設備 | 设备 |
| カーテン① | | 窗帘 |
| ひも⓪ | | 绳子、绳索 |
| ふた⓪ | | 盖、盖子 |
| は① | 葉 | 叶子 |
| きょく⓪ | 曲 | 乐曲 |
| たのしみ | 楽しみ | 快乐、愉快、乐趣 |
| もっと① | | 更、更加 |
| はじめに | 初めに | 最初、开始 |

これで おわります。これで 終わります。 到此结束。

※箱根　　　　　　　　　　　箱根（位于神奈川县的旅游胜地）
※日光　　　　　　　　　　　日光（栃木县的旅游胜地）
※白馬　　　　　　　　　　　白马（位于长野县的旅游胜地）
※アフリカ⓪　　　　　　　　非洲

◻会話◻

| | |
|---|---|
| それなら⓪ | 那样的话、如果是那样 |
| 夜行バス④ | 夜行公共汽车 |
| 旅行社② | 旅行社 |
| 詳しい② | 详细（的） |
| スキー場⓪ | 滑雪场 |

※草津　　　　　　　　　　　草津（群马县的旅游胜地）
※志賀高原　　　　　　　　　志贺高原（长野县的国家公园）

……読み物……

| | |
|---|---|
| 朱① | 红(色) |
| 交わります Ⅰ | 打交道、来往 |
| ことわざ⓪ | 谚语 |
| 仲よく します Ⅲ | 友好交往 |
| 必要[な]⓪ | 必要（的）、必需（的） |

## II. 翻译

### 句型
1. 到了春天，樱花就开了。
2. 天气好的时候，能看见对面的岛屿。
3. 如果去北海道旅行的话，六月份比较好。
4. 结婚典礼上的讲话越短越好。

### 例句
1. 车窗打不开。
   …按一下那个按钮就开了。
2. 还有别的意见吗？
   …没有。
   如果没有，那就到这儿吧。
3. 在日本的生活怎么样？
   …什么都有，很方便。不过、如果物价再便宜点儿就更好了。
4. 必须在明天以前交报告吗？
   …如果来不及的话，请在星期五以前交上来。
5. 我想去旅行两三天，有什么好的地方吗？
   …两三天的话，箱根或日光比较合适。
6. 我想借书，怎么办才好呢？
   …请到询问处办一张卡。
7. 小川真是精神焕发啊。
   …是啊。越上年纪越精神了。

### 会话

**去旅行社就知道了**

瓦　朋： 铃木先生，寒假我想和朋友一起去滑雪，有什么好的地方吗？
铃　木： 打算去几天呢？
瓦　朋： 三天左右。
铃　木： 这样的话，草津或志贺高原就比较好。
　　　　 那儿还有温泉。
瓦　朋： 怎么去呢？
铃　木： 坐JR也可以去，坐夜行公共汽车是早上到，也很方便。
瓦　朋： 哪个便宜呢？
铃　木： 嗯。你到旅行社就能了解到更详细的情况。
瓦　朋： 另外，滑雪用的器具和衣服什么都没有。
铃　木： 都可以在滑雪场租。
　　　　 如果不放心的话，也可以在旅行社预约。
瓦　朋： 是吗？那太谢谢了。

## III. 参考词汇

### ことわざ　谚语

住めば都
久居则安
任何地方住惯了，就会喜欢上的。

三人寄れば文殊の知恵
三个臭皮匠，赛过诸葛亮
人越多越可能有好的意见或建议产生。

立てばしゃくやく、座ればぼたん、
　　歩く姿はゆりの花

站如芍药，坐如牡丹，走如百合
站立的姿态像芍药花，端坐的姿态像牡丹花，
行走时的姿态像百合花，是对美人的比喻。

ちりも積もれば山となる
积少成多，积腋成裘
无论多小的东西，集中起来就有价值。

うわさをすれば影
说曹操，曹操到
正说着某人时，某人就经常会出现。

花よりだんご
舍华求实
比外观更重视实质。

転石苔を生ぜず　滚石不生苔
有两层意思。
　①积极地活动的人就会进步。
　②总是换工作和搬家的人不会成功（不能提高地位和积累财富）。

## IV. 语法解释

1. 假定形的变换方法（参考主教材78页第35课练习A1）

   动词

   Ⅰ类：将「ます形」的最后一个假名换成「え段」假名，再加上「ば」。
   Ⅱ类：在「ます形」后加上「れば」。
   Ⅲ类：「きます」变成「くれば」，「します」变成「すれば」。

   い形容词：将い形容词最后的假名「い」换成「ければ」。
   な形容词：去掉な形容词最后的假名「な」，加上「なら」。
   名词：直接在名词后加上「なら」。

2. 假定形、～

   为了使某件事情成立，要将其必要条件以假定形放在句子前半部分。
   句子前半部分与后半部分的主语是同一个时，则前半部分和后半部分都不能用意志动词。

   1）表示某件事情成立的必要条件时

   ① ボタンを 押せば、窓が 開きます。
      按一下钮，窗户就会打开。
   ② 彼が 行けば、わたしも 行きます。
      如果他去，我也去。
   ③ いい 天気なら、向こうに 島が 見えます。
      如果天气好的话，就能看见对面的岛屿。

   2）根据对方说的话或按当时的情况，由说话人进行判断时。

   ④ ほかに 意見が なければ、これで 終わりましょう。
      如果没有其他意见的话，就到此结束吧。
   ⑤ あしたまでに レポートを 出さなければ なりませんか。
      …無理なら、金曜日までに 出して ください。
      必须在明天以前交出报告吗？
      …如果不行的话，请在星期五以前交上来。

   [注]本课以前学习过的类似表达方式：

   [1] ～と（第23课）

   「～と」用于由「と」前面的动词所示的动作，产生某种必然的结果或可能发生的事或不可避免的事时。但不能用于表示说话人意志、判断、许可、希望或请求的话中。

   ⑥ ここを 押すと、ドアが 開きます。　一按这里，门就会打开。
   例句⑥用假定形「～ば」也可以表达。
   ⑦ ここを 押せば、ドアが 開きます。　一按这里，门就会打开。

   [2] ～たら（第25课）

   在第25课中学习的「～たら」有两种用法。（1）表示条件（2）表示以将要发生的事情为条件下的行为、状况。

⑧ 時間が なかったら、テレビを 見ません。

没有时间的话，就不看电视。

⑨ 時間が なければ、テレビを 見ません。

如果没有时间，就不看电视。

× 時間が ないと、テレビを 見ません。

⑩ 東京へ 来たら、ぜひ 連絡して ください。

到了东京的话请一定跟我联系。

× 東京へ 来れば、ぜひ 連絡して ください。

因为例句⑧⑨的后半部分带有说话人的意志，所以可以用「～たら」「～ば」，但不能用「～と」。而例句⑩中前半部分和后半部分的主语都是同一个，而且前后都是意志动词时，也不能用「～ば」，只能用「～たら」。由此可以看出，「～たら」的使用范围最大，但是因为它是口语，在新闻报道和报告中很少用。

3. 名词なら、～

「名词なら、～」也可以用于就对方提出的话题再提供一些信息时。

⑪ 温泉に 行きたいんですが、どこか いい 所 ありませんか。

…温泉なら、白馬が いいですよ。

我想去温泉，有好的地方吗？

…温泉的话，白马（的温泉）比较好。

4. 疑问词 动词假定形 いいですか

这个句型用于说话人就做某事的方法和应该做的事向听话人寻求建议和指示时。它和第26课中学过的「～たら いいですか」用法相同。也就是说，例句⑫⑬可以换用。

⑫ 本を 借りたいんですが、どう すれば いいですか。

我想借书，应该怎么做呢？

⑬ 本を 借りたいんですが、どう したら いいですか。

我想借书，应该怎么做呢？　　　　　　　　　　　　　（第26课）

5. 动词 ⎫　　　　　　　动词字典形 ⎫
　 い形容词 ⎬假定形　い形容词（～い）⎬ほど ～
　 な形容词 ⎭　　　　　な形容词な　 ⎭

⑭ ビートルズの 音楽は 聞けば 聞くほど 好きに なります。

披头士乐队的音乐越听越爱听。

⑮ パソコンは 操作が 簡単なら 簡単なほど いいです。

计算机的操作越简单越好。

同一句子中「～ば／なら」和「～ほど」前面用同样的动词、形容词。这是随着前半部分叙述的条件程度的变化，后半部分叙述的内容程度和范围也随之增减的表达方式。

# 第 36 课

## I. 単词

| | | |
|---|---|---|
| とどきます I<br>［にもつが〜］ | 届きます<br>［荷物が〜］ | 送［行李］ |
| でます II<br>［しあいに〜］ | 出ます<br>［試合に〜］ | 参加［比赛］ |
| うちます I<br>［ワープロを〜］ | 打ちます | 打［文字处理机］ |
| ちょきんします III | 貯金します | 储蓄、存钱 |
| ふとります I | 太ります | 长胖 |
| やせます II | | 变瘦 |
| すぎます II<br>［7じを〜］ | 過ぎます<br>［7時を〜］ | 过［7点］ |
| なれます II<br>［しゅうかんに〜］ | 慣れます<br>［習慣に〜］ | 适应［习惯］ |

| | | |
|---|---|---|
| かたい⓪ | 硬い | 硬（的） |
| やわらかい④ | 軟らかい | 软（的） |

| | | |
|---|---|---|
| でんし〜 | 電子〜 | 电子〜 |
| けいたい〜 | 携帯〜 | 便携式〜 |

| | | |
|---|---|---|
| こうじょう③ | 工場 | 工厂 |

| | | |
|---|---|---|
| けんこう⓪ | 健康 | 健康 |
| けんどう① | 剣道 | 剑道 |
| まいしゅう⓪ | 毎週 | 每周、每星期 |
| まいつき⓪ | 毎月 | 每月 |
| まいとし(まいねん)⓪ | 毎年 | 每年 |

| | | |
|---|---|---|
| やっと⓪ | | 终于 |
| かなり① | | 相当、很 |
| かならず⓪ | 必ず | 一定、肯定 |
| ぜったいに | 絶対に | 绝对（和否定形一起使用） |
| じょうずに | 上手に | 擅长 |
| できるだけ⓪ | | 尽量 |

| | | |
|---|---|---|
| このごろ⓪ | | 这些天、最近 |

| | |
|---|---|
| ～ずつ | 每～、各～ |
| その ほうが ～ | 那样更～ |
| ※ショパン | 肖邦（波兰音乐家，1810～1849） |

□会話□

| | |
|---|---|
| お客様 | 客人、顾客 |
| 特別[な]⓪ | 特别的 |
| して いらっしゃいます | 正在做～（"して います"的尊敬语） |
| 水泳⓪ | 游泳 |
| ～とか、～とか | ～或～等 |
| タンゴ① | 探戈（舞） |
| チャレンジします Ⅲ | 挑战 |
| 気持ち⓪ | 心情、情绪 |

……読み物……

| | |
|---|---|
| 乗り物⓪ | 交通工具 |
| 歴史⓪ | 历史 |
| ～世紀 | ～世纪 |
| 遠く | 远、远处 |
| 汽車② | 火车 |
| 汽船⓪ | 汽船 |
| 大勢の ～ | 很多的（人） |
| 運びます Ⅰ | 运送 |
| 飛びます Ⅰ | 飞、飞翔 |
| 安全[な]⓪ | 安全的 |
| 宇宙① | 宇宙 |
| 地球⓪ | 地球 |
| ※ライト兄弟 | 莱特兄弟（美国航空先驱） |
| | 韦伯·莱特（1867～1912） |
| | 奥韦尔·莱特（1871～1948） |

## II. 翻译

### 句型
1. 为了能游得快，每天都在练习。
2. 终于会骑自行车了。
3. 我每天都记日记。

### 例句
1. 那是电子词典吗？
   …是的。我带着它为的是听到不懂的单词马上就能查。
2. 月历上的那个红圈是什么意思？
   …是扔垃圾的日子。为了不忘而做的记号。
3. 被子铺在榻榻米上已经睡习惯了吗？
   …是的。刚开始的时候怎么也睡不着，现在可以睡得很香了。
4. 能弹肖邦的曲子了吗？
   …不，还不会弹。
   想尽早会弹。
5. 自建了工厂以后就不能在附近的海里游泳了。
   …是吗？真可惜。
6. 你不吃甜食吗？
   …是的，尽量不吃。
   那样对身体有好处。
7. 音乐会六点开始。
   一定不要迟到。迟到就进不去了。
   …好的，知道了。

### 会话

#### 多动脑、多活动

播音员： 各位好。现在是健康时间。
今天的佳宾是今年80岁的小川夫人。

小川米： 你好。

播音员： 您真是精神焕发啊。您做什么特别的活动吗？

小川米： 我是每天运动，什么都吃。

播音员： 做什么运动呢？

小川米： 跳跳舞啦、游游泳啦……
最近我学会跳探戈了。

播音员： 真了不起啊。饮食方面呢？

小川米： 什么都吃，特别喜欢吃鱼。
每天我都做不同的菜。

播音员： 您真是又动脑又活动身体啊。

小川米： 是的。我明年想去法国，已经开始学习法语了。

播音员： 向任何事情进行挑战的勇气是很重要的。谢谢您愉快的谈话。

III. 参考词汇

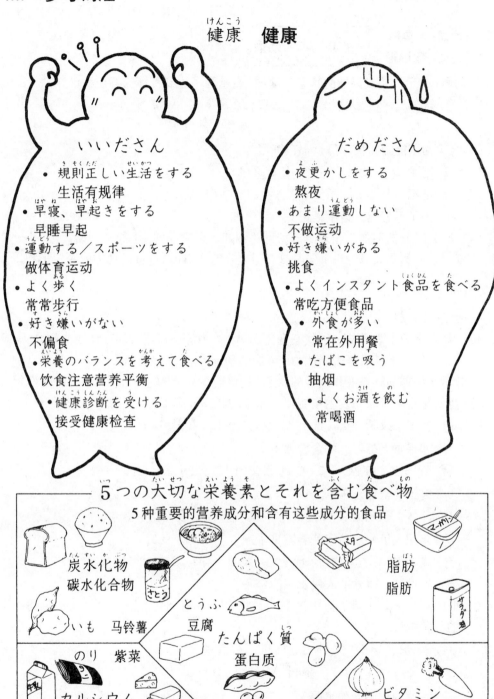

## IV. 语法解释

1. $\left.\begin{array}{l}\text{动词}_1\text{字典形}\\ \text{动词}_1\text{ない形ない}\end{array}\right\}$ ように、动词$_2$

   动词$_1$表示目的或目标的状态，动词$_2$表示为了达到目标的意志性动作。

   ① <u>速く 泳げるように</u>、<u>毎日 練習して います</u>。
   　　　目標　　　　　　　（意志性的）動作
   　　为了能游得快，每天都在练习。

   ② <u>忘れないように</u>、<u>メモして ください</u>。
   　　　目標　　　　　（意志性的）動作
   　　为了不忘记，请做笔记。

   「ように」的前面，用非意志动词（例如：可能动词、「わかります」「みえます」「きこえます」「なります」等）的词典形（①）或动词的否定形（②）。

2. $\left.\begin{array}{l}\text{动词字典形ように}\\ \text{动词ない形なく}\end{array}\right\}$ なります

   1)「なります」表示从一种状态变化到另一种状态。可用可能动词或「わかります」「みえます」等表示能力、可能的动词。「动词字典形ように なります」表示从不能的状态变化到能的状态。「动词ない形なく なります」刚好相反（也就是说某种状态发生了变化，原来的状态没有了）。

   ③ 毎日 練習すれば、泳げるように なります。
   　　如果每天练习，就会游泳了。

   ④ やっと 自転車に 乗れるように なりました。
   　　终于会骑自行车了。

   ⑤ 年を 取ると、小さい 字が 読めなく なります。
   　　年纪大了，小的字就看不见了。

   ⑥ 太りましたから、好きな 服が 着られなく なりました。
   　　长胖了，喜欢的衣服都不能穿了。

   2)对于象「～ように なりましたか」这样的疑问句，用「いいえ」回答时可以这样表达。

   ⑦ ショパンが 弾けるように なりましたか。
   　　…いいえ、まだ 弾けません。
   　　肖邦的作品会弹了吗？
   　　…不，还不会弹。

   [注] 教科书中虽然没有提到，2 的句型中如果用表示能力以外的动词，就表示"有了以前没有的习惯"（⑧）或"丢了以前的习惯"（⑨）的意思。

⑧ 日本人は 100年ぐらいまえから 牛肉や 豚肉を 食べるように なりました。
　　日本人从100年以前就开始吃牛肉和猪肉了。
⑨ 車を 買ってから、わたしは あまり 歩かなく なりました。
　　买了车以后，我就不怎么走路了。
「なれる」「ふとる」「やせる」等本来就表示变化的动词不能用于这个句型中。

3. | 动词字典形　　　　|
　　| 动词ない形ない　　| ように します

这个句型表示习惯地或继续努力做或不做某个动作。

1) ～ように して います
表示习惯地、继续留心做某事。
⑩ 毎日 運動して、何でも 食べるように して います。
　　我每天运动，什么都吃。
⑪ 歯に 悪いですから、甘い 物を 食べないように して います。
　　因为甜食对牙齿不好，所以我不吃甜食。

2) ～ように して ください
「～て／～ないで ください」是直接的请求，而「～ように して ください」是间接的请求。和「～て／～ないで ください」相比，是更礼貌的请求。其用法如下。
(1) 要求向着习惯性的、持续性的目标努力。
⑫ もっと 野菜を 食べるように して ください。
　　请再多吃点儿蔬菜。
(2) 礼貌地提出仅此一次的努力目标。
⑬ あしたは 絶対に 時間に 遅れないように して ください。
　　明天请绝对不要迟到。
[注]「～ように して ください」不用于当时的请求。
⑭ すみませんが、塩を 取って ください。
　　对不起，请拿一下盐。
× すみませんが、塩を 取るように して ください。

4. とか
「～とか」和「～や」一样用于举例。但「～とか」更口语化。另外和「～や」不一样，「～とか」还可以放在最后的名词之后。
⑮ どんな スポーツを して いますか。
　　…そうですね。テニスとか、水泳とか……。
　　你在做什么运动？
　　…嗯，打打网球啦、游游泳啦……。

# 第 37 课

## I. 单词

| | | |
|---|---|---|
| ほめます II | 褒めます | 表扬 |
| しかります I | | 批评 |
| さそいます I | 誘います | 邀请 |
| おこします I | 起こします | 叫醒 |
| しょうたいします III | 招待します | 招待 |
| たのみます I | 頼みます | 请求、要求、拜托 |
| ちゅういします III | 注意します | 提醒、警告 |
| とります I | | 抢、偷 |
| ふみます I | 踏みます | 踩（脚） |
| こわします I | 壊します | 弄坏、弄碎 |
| よごします I | 汚します | 弄脏 |
| おこないます I | 行います | 举行 |
| ゆしゅつします III | 輸出します | 出口 |
| ゆにゅうします III | 輸入します | 进口 |
| ほんやくします III | 翻訳します | 翻译 |
| はつめいします III | 発明します | 发明 |
| はっけんします III | 発見します | 发现 |
| せっけいします III | 設計します | 设计、规划 |

| | | |
|---|---|---|
| こめ ② | 米 | 大米 |
| むぎ ① | 麦 | 麦子 |
| せきゆ ⓪ | 石油 | 石油 |
| げんりょう ③ | 原料 | 原料 |

| | | |
|---|---|---|
| デート ① | | 约会 |

| | | |
|---|---|---|
| どろぼう ⓪ | 泥棒 | 小偷、强盗 |
| けいかん ⓪ | 警官 | 警察 |
| けんちくか ⓪ | 建築家 | 建筑师 |
| かがくしゃ ② | 科学者 | 科学家 |

| | | |
|---|---|---|
| まんが ⓪ | 漫画 | 漫画、卡通、连环画 |
| せかいじゅう ⓪ | 世界中 | 全世界 |
| ～じゅう | ～中 | 全～、整个～ |

| | | |
|---|---|---|
| ～に よって | | 根据～、由～ |

| | | |
|---|---|---|
| よかったですね。 | | 太好了。／太棒了。 |

| | | |
|---|---|---|
| ※ドミニカ ⓪ | | 多米尼加（国名） |

| | |
|---|---|
| ※ライト兄弟 | 莱特兄弟（美国航空先驱）<br>韦伯・莱特（1867～1912）<br>奥韦尔・莱特（1871～1948） |
| ※源氏物語 | 源氏物语（日本古典小说） |
| ※紫式部 | 紫式部〔写作"源氏物语"的平安时代（9世纪）女作家，（973?～1014?）〕 |
| ※グラハム・ベル | 亚历山大・格拉汉姆・贝尔（美国发明家，1847～1922） |
| ※東照宮 | 东照宫（日本的神社） |
| ※江戸時代 | 江户时代（1603～1868） |
| ※サウジアラビア④ | 沙特阿拉伯 |

□会話□

| | |
|---|---|
| 埋め立てます Ⅱ | 填埋 |
| 技術① | 技术 |
| 土地⓪ | 土地 |
| 騒音⓪ | 噪音 |
| 利用します Ⅲ | 利用、用 |
| アクセス① | 通路、方法 |

……読み物……

| | |
|---|---|
| ～世紀 | ～世纪 |
| 豪華[な]① | 豪华 |
| 彫刻⓪ | 雕刻 |
| 眠ります Ⅰ | 睡 |
| 彫ります Ⅰ | 雕刻 |
| 仲間③ | 朋友、友人、伙伴儿 |
| そのあと | 之后、然后 |
| 一生懸命⑤ | 拼命 |
| ねずみ⓪ | 老鼠 |
| 一匹もいません。 | 一只也没有。 |
| ※眠り猫 | 熟睡的猫 |
| ※左甚五郎 | 左甚五郎（日本江户时代的著名雕刻家，1594～1651） |

## II. 翻译

### 句型
1. 小时候常挨母亲骂。
2. 在上下班高峰期间的电车上被踩了脚。
3. 法隆寺是在608年修建的。

### 例句
1. 今天早晨被部长叫去了。
   …出什么事了吗?
   让我注意出差报告的写法。
2. 你怎么了?
   …谁把我的伞拿错了。
3. 又发现了一颗新星。
   …是吗?
4. 今年的世界儿童会议在哪里召开?
   …在广岛召开。
5. 清酒的原料是什么?
   …是大米。
   啤酒呢?
   …啤酒是用麦子酿造的。
6. 在多米尼加使用什么语言?
   …说西班牙语。
7. 老师,飞机是谁发明的?
   …飞机是莱特兄弟发明的。

### 会话
#### 填海建造的
| | |
|---|---|
| 松 本: | 胥米特先生是第一次到关西机场吗? |
| 胥米特: | 是的。真的是建在海上啊。 |
| 松 本: | 是的。这里是填海建造的岛。 |
| 胥米特: | 真是了不起的技术。 |
| | 但是,为什么要建在海上呢? |
| 松 本: | 因为日本国土狭小,而且建在海上没有噪音的问题。 |
| 胥米特: | 所以可以24小时全天候使用啊。 |
| 松 本: | 是的。 |
| 胥米特: | 这幢大楼的设计也很有意思啊。 |
| 松 本: | 是一位意大利建筑师设计的。 |
| 胥米特: | 交通方便吗? |
| 松 本: | 从大阪车站坐电车要一小时左右。 |
| | 从神户坐船也可以来。 |

# III. 参考词汇

## 事故・事件 (じこ・じけん) 事故・事件

| 殺す (ころす) 杀 | 撃つ (うつ) 枪击、射击 | 刺す (さす) 刺、捅 | かむ 咬 |
|---|---|---|---|
| ひく 轧 | はねる 撞 | 衝突する (しょうとつ) 碰撞 | 追突する (ついとつ) 汽车的追尾 |
| 盗む (ぬすむ) 偷盗、偷 | 誘拐する (ゆうかい) 诱骗、拐骗 | ハイジャックする 劫机 | |
| 墜落する (ついらく) 坠毁 | 運ぶ (はこぶ) 运送 | 助ける (たすける) 救、救助 | |
| | 爆発する (ばくはつ) 爆炸 | 沈没する (ちんぼつ) 沉没 | |

## IV. 语法解释

1. 被动动词

   被动动词的变换方法（参考主教材96页第37课练习A1）

   |   |       | 被动动词 |        |
   |---|-------|---------|--------|
   |   |       | 礼貌形  | 普通形 |
   | I | かきます | かかれます | かかれる |
   | II | ほめます | ほめられます | ほめられる |
   | III | きます | こられます | こられる |
   |   | します | されます | される |

   被动动词全部是II类动词，有字典形、ない形、て形等变化形式。
   　例如：かかれる、かかれ（ない）、かかれて

2. 名词₁（人物₁）は 名词₂（人物₂）に 被动动词

   这个句型是人物₂对人物₁进行的动作，从受动人物₁的立场叙述的句型。用被动动词的被动句的主题是人物₁，施者（人物₂）用助词「に」来表示。

   　　先生は わたしを 褒めました。　　老师表扬了我。
   ① わたしは 先生に 褒められました。　我被老师表扬了。

   　　母は わたしに 買い物を 頼みました。
   　　妈妈让我去买东西。
   ② わたしは 母に 買い物を 頼まれました。
   　　妈妈委托我去买东西。

   施者（名词₂）也可以是人以外能动的东西（动物或车等）。
   ③ わたしは 犬に かまれました。　　我被狗咬了。

3. 名词₁（人物₁）は 名词₂（人物₂）に 名词₃を 被动动词

   在这个句型中，人物₂对人物₁的所有物等（名词₃）进行某种行为，这种行为对人物₁来说多数是感到受害。

   　　弟が わたしの パソコンを 壊しました。
   　　弟弟弄坏了我的计算机。
   ④ わたしは 弟に パソコンを 壊されました。
   　　我的计算机被弟弟弄坏了。

   这个句型与句型2一样，施者也可以是人以外能动的东西。
   ⑤ わたしは 犬に 手を かまれました。　我被狗咬了手。

[注1] 这个句型中作为主题提出来的不是动词的宾语(名词₃),而是行为的受害人。例如,例句④不能说成「わたしの パソコンは おとうとに こわされました」。

[注2] 这个句型表示受动者感到受害的行为,所以感谢所受的行为时不能用。这时要用「～て もらいます」。

⑥ わたしは 友達に 自転車を 修理して もらいました。
朋友帮我修理了自行车。
× わたしは 友達に 自転車を 修理されました。

4. 名词(物/事)が/は 被动动词

叙述某件事情时,如果不把重点放在行为者身上,可以把物或事作为主语,用被动动词来表达。

⑦ フランスで 昔の 日本の 絵が 発見されました。
在法国发现了日本古代的绘画。
⑧ 日本の 車は 世界中へ 輸出されて います。
日本的汽车出口到全世界。
⑨ 会議は 神戸で 開かれました。
会议在神户召开。

5. 名词₁は 名词₂(人)に よって 被动动词

表示创造或发现的动词(例如:かきます、はつめいします、はっけんします等)用被动形式时,行为者不用「に」,而是用「に よって」来表示。

⑩ 「源氏物語」は 紫式部に よって 書かれました。
"源氏物语"是由紫式部撰写的。
⑪ 電話は ベルに よって 発明されました。
电话是由贝尔发明的。

6. 名词から/名词で つくります

制造东西时,原料用「から」,材料用「で」表示。

⑫ ビールは 麦から 造られます。
啤酒是用麦酿造的。
⑬ 昔 日本の 家は 木で 造られました。
古代日本的房子是用木材建造的。

# 第 38 课

## I. 单词

| | | |
|---|---|---|
| そだてます II | 育てます | 养育、抚育、抚养 |
| はこびます I | 運びます | 运送 |
| なくなります I | 亡くなります | 去世("しにます"(第39课)的委婉说法) |
| にゅういんします III | 入院します | 住院 |
| たいいんします III | 退院します | 出院 |
| いれます II | 入れます | 打开[电源] |
| [でんげんを〜] | [電源を〜] | |
| きります I | 切ります | 切断[电源] |
| [でんげんを〜] | [電源を〜] | |
| かけます II | 掛けます | 锁上[锁] |
| [かぎを〜] | | |
| | | |
| きもちが いい | 気持ちが いい | 舒服、舒畅 |
| きもちが わるい | 気持ちが 悪い | 不舒服、不舒畅 |
| | | |
| おおきな 〜 | 大きな 〜 | 大的 〜 |
| ちいさな 〜 | 小さな 〜 | 小的 〜 |
| | | |
| あかちゃん ① | 赤ちゃん | 婴儿 |
| | | |
| しょうがっこう ③ | 小学校 | 小学 |
| ちゅうがっこう ③ | 中学校 | 中学 |
| | | |
| えきまえ ③ | 駅前 | 车站前 |
| かいがん ⓪ | 海岸 | 海岸、海滩 |
| | | |
| うそ ① | | 撒谎、谎言 |
| | | |
| しょるい ⓪ | 書類 | 文件 |
| でんげん ⓪ | 電源 | 电源 |
| | | |
| 〜せい | 〜製 | 〜制造 |

| | | |
|---|---|---|
| [あ、] いけない | | [噢] 糟了！／不好！（用于当人做错了某事时） |
| おさきに [しつれいします] | お先に [失礼します] | 我先～、我先[走一步]。 |
| ※原爆ドーム | | 広島原子弾爆炸纪念馆 |

☐ 会話 ☐

| | |
|---|---|
| 回覧⓪ | 传阅 |
| 研究室③ | 研究室 |
| きちんと② | 整洁地、整齐地、很好地 |
| 整理します Ⅲ | 整理、收拾 |
| ～という本 | 一本叫～的书 |
| ～冊 | ～本（数书本等的量词） |
| はんこ③ | 印章 |
| 押します [はんこを～] Ⅰ | 盖[章] |

······読み物······

| | |
|---|---|
| 双子⓪ | 孪生子 |
| 姉妹① | 姐妹 |
| 5年生 | 五年级学生 |
| 似ています Ⅱ | 相象、相似 |
| 性格⓪ | 性格 |
| おとなしい④ | 文静（的）、老实（的）、安静（的） |
| 世話をします Ⅲ | 照顾 |
| 時間がたちます Ⅰ | 时间流逝 |
| 大好き[な]① | 很喜欢的 |
| ～点 | ～分 |
| クラス① | 班、班级 |
| けんかします Ⅲ | 吵架、打架 |
| 不思議[な]⓪ | 不可议的 |

## II. 翻译

### 句型
1. 画画很愉快。
2. 我喜欢看星星。
3. 我忘了带钱包来了。
4. 我来日本是去年的3月。

### 例句
1. 还在记日记吗？
   …没有，记了3天就停了。
   开始容易，要坚持就难了。
2. 有这么多花，真是漂亮的院子啊。
   …谢谢您夸奖。
   我丈夫很擅长种花。
3. 东京怎么样？
   …人很多啊。而且大家都走得挺快。
4. 啊，糟了。
   …怎么了？
   忘了关车窗了。
5. 你知道木村小姐生孩子了吗？
   …不知道。什么时候？
   大约在一个月以前。
6. 还记得你第一个喜欢的人吗？
   …记得。与她第一次见面是在小学的教室。
   她是个音乐老师。

### 会话

#### 我喜欢收拾

大学职员： 瓦特老师，您的传阅(文件)。
瓦　　特： 谢谢。请放在那儿吧。
大学职员： 老师的研究室总是收拾的很干净啊。
瓦　　特： 我喜欢收拾。
大学职员： 书也摆得很整齐，东西也整理得很好。您真会收拾啊！
瓦　　特： 因为我以前曾经写过一本叫"高明的整理方法"的书。
大学职员： 是吗，真了不起。
瓦　　特： 可是没怎么卖出去。
　　　　　 您感兴趣的话，我给您带一本儿来。
-------------------------------------------------
大学职员： 早上好！
瓦　　特： 啊，我忘了给你带那本书来了，对不起。
大学职员： 没关系。不过，请别忘了在传阅(记录)上盖章。上个月就没盖。

## III. 参考词汇

### 年中行事(ねんちゅうぎょうじ) 节庆活动

お正月(しょうがつ) 元旦、新年
一年之初的节日。去神社或寺院祈祷一年的健康和幸福。元旦会收到贺年卡。

ひな祭(まつ)り 女孩节
有女孩的家庭要摆设偶人。

こどもの日(ひ)
男孩节

祝愿儿童的成长和健康的节日。本来是庆祝男孩成长的节日。

七夕(たなばた) 七夕
这个节日起源于位于银河东西两侧的牵牛星和织女星一年一度相会的中国民间故事。

お盆(ぼん)
盂兰盆节

迎接祖先灵魂进行供奉的佛教仪式。这一天要扫墓。

お月見(つきみ) 中秋节（赏月）
欣赏浑圆美丽的月亮

大(おお)みそか 除夕
一年的最后一天。做大扫除和做过年吃的饭菜（正月吃的饭菜），做迎新年的准备。
晚上快到12点时寺院开始敲钟。

## IV. 语法解释

1. 动词普通形 の

   动词普通形加上助词「の」，这个句子就可以实现名词化。

2. 动词字典形のは 形容词です

   ① テニスは おもしろいです。　　　　网球很有趣。
   ② テニスを するのは おもしろいです。　打网球很有趣。
   ③ テニスを 見るのは おもしろいです。　看打网球很有趣。

   ①只是就作为运动的"网球"进行叙述，②是对"打网球"，③是对"看打网球"做了更具体地说明。在这个句型中常用的形容词有「むずかしい」「やさしい」「おもしろい」「たのしい」「きけん［な］」「たいへん［な］」等。

3. 动词字典形のが 形容词です

   ④ わたしは 花が 好きです。　　　　　我喜欢花。
   ⑤ わたしは 花を 育てるのが 好きです。我喜欢种花。
   ⑥ 東京の 人は 歩くのが 速いです。　东京人走路很快。

   这个句型用表示嗜好、技能、能力的形容词，例如:「すき［な］」「きらい［な］」「じょうず［な］」「へた［な］」「はやい」「おそい」等。

4. 动词字典形のを 忘れました　忘了…

   ⑦ かぎを 忘れました。　　　　　　　忘了钥匙了。
   ⑧ 牛乳を 買うのを 忘れました。　　忘了买牛奶了。
   ⑨ 車の 窓を 閉めるのを 忘れました。忘了关车窗了。

   例句⑧是说"预定好要买牛奶的，却忘了"。例句⑨是说"应该关上车窗的，结果没关窗就下车了"。

5. 动词普通形のを 知って いますか　你知道…吗?

   这是询问对方是否知道「の」前面叙述的事情。

   ⑩ 鈴木さんが 来月 結婚するのを 知って いますか。

   你知道铃木下个月要结婚吗?

[注]「しりません」和「しりませんでした」的区别

⑪ 木村さんに 赤ちゃんが 生まれたのを 知って いますか。
　…いいえ、知りませんでした。
　你知道木村小姐生小孩了吗？
　…不，不知道。
⑫ ミラーさんの 住所を 知って いますか。
　…いいえ、知りません。
　你知道米勒先生的地址吗？
　…不，不知道。

例句⑪中，听话人被问之前并不知道"生了孩子"，因为被问而知道的，所以回答用「しりませんでした」。而例句⑫中无论是被问前还是被问后都不知道，所以回答用「しりません」。

6. 动词／い形容词／な形容词／名词　普通形（～だ→～な）　のは　名词です

　娘は 北海道の 小さな 町で 生まれました。
　女儿是在北海道一个很小的城镇出生的。
⑬ 娘が 生まれたのは 北海道の 小さな 町です。
　女儿出生地是北海道一个很小的城镇。

　12月は 1年で いちばん 忙しいです。
　12月是一年中最忙的。
⑭ 1年で いちばん 忙しいのは 12月です。
　一年中最忙的是12月。

这个句型用于「の」代替了表示物、人、场所等的名词，并作为话题提出时。例如例句⑬是"女儿出生的地点"，例句⑭是将"一年中最忙的时候"作为话题提出，与其相关的信息用「は～」提示。

7. ～ときも／～ときや／～ときの／～ときに、等

因为在第23课学习过的「～とき」中的「とき」是名词，所以它后面可以接各种各样的助词。

⑮ 疲れた ときや 寂しい とき、田舎を 思い出す。
　累了和寂寞的时候就想家。　　　　　　　　　　　　　（第31课）
⑯ 生まれた ときから、ずっと 大阪に 住んで います。
　出生以后一直住在大阪。

# 第 39 课

## I．单词

| | | |
|---|---|---|
| こたえます II [しつもんに～] | 答えます [質問に～] | 回答 [问题] |
| たおれます II [ビルが～] | 倒れます | 倒塌、[大楼]倒塌 |
| やけます II [うちが～] [パンが～] [にくが～] | 焼けます [肉が～] | 着火、烧热 [房屋]着火 烤[面包] 烤[肉] |
| とおります I [みちを～] | 通ります [道を～] | 通过[街道] |
| しにます I | 死にます | 死 |
| びっくりします III | | 吃惊 |
| がっかりします III | | 失望 |
| あんしんします III | 安心します | 安心、放心 |
| ちこくします III | 遅刻します | 迟到 |
| そうたいします III | 早退します | 早退 |
| けんかします III | | 吵架、争吵 |
| りこんします III | 離婚します | 离婚 |
| ふくざつ[な] ⓪ | 複雑[な] | 复杂的 |
| じゃま[な] ⓪ | 邪魔[な] | 碍事的 |
| きたない ③ | 汚い | 肮脏(的)、不整洁(的) |
| うれしい ③ | | 高兴(的) |
| かなしい ⓪ | 悲しい | 悲伤(的) |
| はずかしい ④ | 恥ずかしい | 可耻(的)、害羞(的) |
| じしん ⓪ | 地震 | 地震 |
| たいふう ③ | 台風 | 台风 |
| かじ ① | 火事 | 火灾 |
| じこ ① | 事故 | 事故 |
| [お]みあい ⓪ | [お]見合い | 相亲 |

| でんわだい ④ | 電話代 | 电话费 |
|---|---|---|
| ～だい | ～代 | ～费 |

| フロント ⓪ | | 前台、问讯 |
|---|---|---|
| ～ごうしつ | ～号室 | ～号房间 |

| あせ ① | 汗 | 汗（～を かきます：出汗） |
|---|---|---|
| タオル ① | | 毛巾 |
| せっけん ⓪ | | 肥皂、香皂 |

| おおぜい ③ | 大勢 | 许多人 |
|---|---|---|

| おつかれさまでした | お疲れさまでした | 您辛苦了。(一般用于同事或上对下) |
|---|---|---|
| うかがいます | 伺います | 去／拜访（"いきます"的谦逊说法）|

◻会話◻

| 途中で | 途中、路上、半途 |
|---|---|
| トラック ② | 卡车 |
| ぶつかります Ⅰ | 撞、碰 |
| 並びます Ⅰ | 排列、并排 |

······読み物······

| 大人 ⓪ | 成年人 |
|---|---|
| 洋服 ⓪ | 西式服装 |
| 西洋化します Ⅲ | 西化 |
| 合います Ⅰ | 适合、合适 |
| 今では | 现在 |
| 成人式 ③ | 成人仪式 |

## II. 翻译

### 句型

1. 听到消息后吃了一惊。
2. 大厦因为地震而倒塌了。
3. 因为身体不舒服所以要去医院。

### 例句

1. 相亲怎么样了?
   …看相片时觉得是个很棒的人,可见面后却很失望。
2. 这个礼拜六大家一起去徒步旅行,你也一起去吗?
   …对不起。礼拜六我有点事,去不了。
3. 那部电影怎么样?
   …故事很复杂,不是很明白。
4. 来晚了,对不起。
   …怎么回事呢?
   因为出事故,公共汽车晚点了。
5. 现在去喝一杯怎么样?
   …对不起。我有事,先告辞了。
   是吗。那你辛苦了。
6. 最近我把被子铺在榻榻米上睡,挺方便的。
   …床去哪儿了呢?
   房间太窄,挺碍事的,送给朋友了。

### 会话

#### 来晚了,对不起

米　　勒: 科长,我迟到了,对不起。
中村科长: 米勒先生,怎么回事啊?
米　　勒: 是因为来的途中,遇到事故,公共汽车晚点了。
中村科长: 是公共汽车的事故吗?
米　　勒: 不是的。在十字路口卡车和汽车相撞了,公共汽车动不了。
中村科长: 那可真够麻烦的。
　　　　　因为没有你的消息,大家都挺担心的。
米　　勒: 我本来想从车站打个电话的,可排着很多人……。真对不起。
中村科长: 我知道了。
　　　　　那开始开会吧。

## III. 参考词汇

### 気持ち 心情

## IV. 语法解释

1. 动词て形
   动词ない形なくて
   い形容词（〜い）→〜くて    }、〜
   な形容词［な］→で

   这个句型前半部分表示原因,后半部分表示由于这个原因引起的结果。这种形式和第9课中学的「〜から」不一样,有很多限制。

1) 句型的后半部分可接的表现形式,仅限于以下所列举与意志无关的词。
   (1) 表示感情的动词、形容词：びっくりする、あんしんする、こまる、さびしい、うれしい、ざんねんだ等
      ① ニュースを 聞いて、びっくりしました。 听到消息后吃了一惊。
      ② 家族に 会えなくて、寂しいです。 见不到家里人,很寂寞。
   (2) 可能动词、表示状态的动词
      ③ 土曜日は 都合が 悪くて、行けません。
         礼拜六我有点事,去不了。
      ④ 話が 複雑で、よく わかりませんでした。
         故事很复杂,不是很明白。
   (3) 过去的状况
      ⑤ 事故が あって、バスが 遅れて しまいました。
         因为出事故,公共汽车晚点了。
      ⑥ 授業に 遅れて、先生に しかられました。
         上课迟到,被老师批评了。

2) 后半部分不能使用含有意志的表现形式(意志、命令、劝诱、依赖)。后半部分若是含有意志的话,不能使用「〜て」的形式,而要用「〜から」。
      ⑦ 危ないですから、機械に 触らないで ください。
         因为很危险,所以不要触摸机器。
      × 危なくて、機械に 触らないで ください。

3) 这个句型中前半部分和后半部分有时间上的先后关系。即先有前半的事情,后有后半的事情。
      ⑧ あした 会議が ありますから、きょう 準備しなければ なりません。
         明天要开会,所以今天必须准备好。
      × あした 会議が あって、きょう 準備しなければ なりません。

2. 名词で

这课学习的助词「で」表示原因。这时使用的名词中，象「じこ、じしん、かじ等」表示自然现象、事件、发生的事情等的词比较多。谓语部分和句型1一样有限制，不能使用含有意志的表达方式。

⑨ 地震で ビルが 倒れました。　　　　　因为地震，大厦倒塌了。
⑩ 病気で 会社を 休みました。　　　　　因病请假没去公司。
× 病気で あした 会社を 休みたいです。

3. 动词 ／ い形容词 ｝普通形
　な形容词 ｝普通形
　名词 ｝〜だ→〜な ｝ので、〜

和第9课学过的「〜から」一样，「〜ので」也表示原因、理由。「〜から」是主观地陈述原因理由，与此相比，「〜ので」可以说是客观地陈述自然而然的因果关系。因为其抑制了说话者的主观想法，对听者的影响比较弱，所以作为请求许可时的理由及比较缓和地辩解时经常使用。

⑪ 日本語が わからないので、英語で 話して いただけませんか。
　　我不懂日语，您能用英语讲吗?
⑫ 用事が あるので、お先に 失礼します。
　　因为有事，我先告辞了。

因为这是一种比较缓和的表达方式，所以在句子的后半部分不能接命令以及禁止的形式。

⑬ 危ないから、機械に 触るな。
　　因为很危险，所以不要触摸机器。
× 危ないので、機械に 触るな。

[注] 如上所述，「ので」接普通形，在需要更加礼貌地表达时，也可以接在礼貌形后边。

⑭ 用事が ありますので、お先に 失礼します。
（= 用事が あるので、お先に 失礼します。）
　　因为有事，我先告辞了。

4. 途中で

「とちゅうで」是朝某地移动期间的某个地点的意思。放在"动词字典形"或者"名词の"的后面。

⑮ 実は 来る 途中で 事故が あって、バスが 遅れて しまったんです。
　　实际上是在来这儿的途中遇到了事故，公共汽车晚点了。
⑯ マラソンの 途中で 気分が 悪く なりました。
　　在马拉松比赛的途中，不舒服起来。

# 第 40 课

## I. 单词

| | | |
|---|---|---|
| かぞえます II | 数えます | 数 |
| はかります I | 測ります、量ります | 量、称 |
| たしかめます II | 確かめます | 确认 |
| あいます I [サイズが～] | 合います | 符合、[尺寸]合适 |
| しゅっぱつします III | 出発します | 出发 |
| とうちゃくします III | 到着します | 到达 |
| よいます I | 酔います | 喝醉 |
| きけん[な] ⓪ | 危険[な] | 危险的 |
| ひつよう[な] ⓪ | 必要[な] | 必要的 |
| うちゅう ① | 宇宙 | 宇宙、太空 |
| ちきゅう ⓪ | 地球 | 地球 |
| ぼうねんかい ③ | 忘年会 | 辞旧迎新会 |
| しんねんかい ③ | 新年会 | 新年联欢会 |
| にじかい ② | 二次会 | 二次聚会 |
| たいかい ⓪ | 大会 | 大会 |
| マラソン ⓪ | | 马拉松 |
| コンテスト ① | | 比赛、竞赛 |
| おもて ③ | 表 | 表面、正面 |
| うら ② | 裏 | 背面、里面 |
| へんじ ③ | 返事 | 回答、答复 |
| もうしこみ ⓪ | 申し込み | 申请 |
| ほんとう ⓪ | | 真的、事实 |
| まちがい ③ | | 错、错误 |
| きず ⓪ | 傷 | 伤、缺陷 |
| ズボン ② | | 裤子 |
| ながさ ① | 長さ | 长度 |
| おもさ ⓪ | 重さ | 重量 |
| たかさ ① | 高さ | 高度 |
| おおきさ ⓪ | 大きさ | 大小 |
| ～びん | ～便 | ～航班（航班号） |
| ～ごう | ～号 | ～次（火车车次等） |
| ～こ | ～個 | ～个（数小件物品的量词） |

|  |  |
|---|---|
| ～ほん（～ぽん、～ぼん）～本 | ～枝、条（数细长物品的量词） |
| ～はい（～ぱい、～ばい）～杯 | ～杯（数玻璃杯等的量词） |
| ～キロ | ～公里、公斤 |
| ～グラム | ～克 |
| ～センチ | ～厘米 |
| ～ミリ | ～毫米 |
| ～いじょう　　～以上 | ～以上、不少于～、超过～ |
| ～いか　　～以下 | ～以下、不多于～、低于～ |
| さあ | 喂、诶（用于不确定某件事时） |
| ※ゴッホ | 梵高(荷兰画家，1853～1890) |
| ※雪祭り③ | 冰雪节 |
| ※のぞみ⓪ | 希望号（新干线的火车名） |
| ※JL | 日本航空 |

◻会話◻

| | |
|---|---|
| どうでしょうか。 | ～怎么样？（"どうですか"的礼貌说法） |
| クラス① | 班级 |
| テスト① | 考试、测验 |
| 成績⓪ | 成绩 |
| ところで③ | （转变话题）可是 |
| いらっしゃいますⅠ | 来（"きます"的尊敬语） |
| 様子⓪ | 情况、情形、样子 |

……読み物………………………………………………………

| | |
|---|---|
| 事件① | 事件 |
| オートバイ③ | 摩托车 |
| 爆弾⓪ | 炸弹 |
| 積みますⅠ | 堆积起来、装 |
| 運転手③ | 司机 |
| 離れた | 相距 |
| が | 但是 |
| 急に⓪ | 突然 |
| 動かしますⅠ | 移动、开动、变动 |
| 一生懸命⑤ | 拼命 |
| 犯人① | 犯人 |
| 手に　入れますⅡ | 到手、得到 |
| 今でも | 现在就 |
| うわさしますⅢ | 谣传 |

## II. 翻译

### 句型

1. 请给我查一下JL107航班什么时候到。
2. 第9号台风到不到东京还不清楚。
3. 想从宇宙看看地球。

### 例句

1. 二次聚会是去哪儿喝的？
   …因为喝醉了，所以去了哪儿一点儿也不记得了。
2. 怎样才能测量山的高度，你知道吗？
   …是啊，怎样才能测量呢？
3. 我们第一次见面是什么时候你还记得吗？
   …过去的事情已经忘了。
4. 是否出席辞旧迎新会，请于20号前给予答复。
   …好的，知道了。
5. 那儿是在检查什么呢？
   …是在检查坐飞机的人有没有带刀子等危险物品的。
6. 对不起，这件衣服可以试一下吗？
   …可以，请在这边试。

### 会话

#### 很担心他是否交上了朋友

克 拉 拉： 老师，汉斯在学校怎么样啊。
我很担心他交没交到朋友……。
伊藤老师： 不用担心。
汉斯在班上人缘挺好的。
克 拉 拉： 是吗．那我就放心了。
学习怎么样呢？听他说汉字挺难的……。
伊藤老师： 每天都进行汉字的考试，汉斯的成绩都挺不错的。
克 拉 拉： 是吗？谢谢。
伊藤老师： 另外，马上就要开运动会了，汉斯的父亲也会来吗？
克 拉 拉： 是的。
伊藤老师： 请一定来看看汉斯在学校是个什么样子。
克 拉 拉： 知道了。今后还请多多关照。

# III. 参考词汇

### 単位・線・形・模様　単位・线・形状・花纹

**面積**　面积
- cm² 平方センチメートル　平方厘米
- m² 平方メートル　平方米
- km² 平方キロメートル　平方公里

**長さ**　长度
- mm ミリ[メートル]　毫米
- cm センチ[メートル]　厘米
- m メートル　米
- km キロ[メートル]　公里

**体積・容積**　体积・容积
- cm³ 立方センチメートル　立方厘米
- m³ 立方メートル　立方米
- ml ミリリットル　毫升
- cc シーシー　cc
- ℓ リットル　升

**重さ**　重量
- mg ミリグラム　毫克
- g グラム　克
- kg キロ[グラム]　公斤
- t トン　吨

---

**計算**　计算

$1 + 2 - 3 \times 4 \div 6 = 1$

　　たす　ひく　かける　わる　　は(イコール)
　　加　　減　　乗　　　除　　　等于

---

**線**　线
- 直線　直线　
- 曲線　曲线
- 点線　虚线

**形**　形状

　円(丸)　　三角[形]　　四角[形]
　圆形　　　三角形　　　方形

**模様**　花纹

縦じま　　横じま　　チェック　　水玉　　　花柄　　　無地
竖条纹　　横条纹　　格子　　　　水珠图案　花形图案　素色(没花纹)

## IV. 语法解释

1. 
| 疑问词 | 动词<br>い形容词<br>な形容词<br>名词 | 普通形<br>普通形<br>～だ | か、～ |

这个句型是将含有疑问词的疑问句组合在一个句子中时使用。

① JL107便は 何時に 到着するか、調べて ください。
　　请给我查一下JL107航班什么时候到。
② 結婚の お祝いは 何が いいか、話して います。
　　我们在讨论结婚礼物送什么好。
③ わたしたちが 初めて 会ったのは いつか、覚えて いますか。
　　你还记得我们第一次见面是什么时候吗？

2. 
| 动词<br>い形容词<br>な形容词<br>名词 | 普通形<br>普通形<br>～だ | か どうか、～ |

在句中的疑问句不含有疑问词时用这个句型。要注意在"普通形か"后边必须接「どうか」。

④ 忘年会に 出席するか どうか、20日までに 返事を ください。
　　是否出席辞旧迎新会，请在20号前给予答复。
⑤ その 話は ほんとうか どうか、わかりません。
　　我不知道那些话是不是真的。
⑥ まちがいが ないか どうか、調べて ください。
　　请检查一下有没有错误。

⑥中之所以不用「まちがいが あるか どうか」而用「まちがいが ないか どうか」是因为说话者想确认"没有错误"。

3. 动词て形 みます

用这个句型表达试着做某个动作的意思。

⑦ もう 一度 考えて みます。　　　　我会再次考虑的。
⑧ 宇宙から 地球を 見て みたいです。
　　想从宇宙看看地球。
⑨ この ズボンを はいて みても いいですか。
　　我能试一下这条裤子吗？

4．い形容詞(～い)→～さ

い形容詞可以将词尾「い」变成「さ」作名词用。

例：高い→高さ　　長い→長さ　　速い→速さ

⑩ 山の 高さは どうやって 測るか、知って いますか。

你知道怎样测量山的高度吗？

⑪ 新しい 橋の 長さは 3,911メートルです。

新桥的长度为3,911米。

5．ハンスは 学校で どうでしょうか。

「～でしょうか」一般是在询问对方可能不知道答案时用，但如果在对方可能知道答案仍然使用时，则为委婉的提问，也就是更有礼貌的提问。

# 第 41 课

## I. 单词

| | | |
|---|---|---|
| いただきます I | | 收下（"もらいます"的谦逊语） |
| くださいます I | | 给（"くれます"的尊敬语） |
| やります I | | 给、给予（对下人或动物植物） |
| よびます I | 呼びます | 邀请 |
| とりかえます II | 取り替えます | 交换 |
| しんせつに します III | 親切に します | 对～和气、友好 |
| | | |
| かわいい ③ | | 可爱（的） |
| | | |
| おいわい ⓪ | お祝い | 祝贺、礼物（～を します：庆祝） |
| おとしだま ⓪ | お年玉 | 压岁钱 |
| [お]みまい ⓪ | [お]見舞い | 看望病人、探望、慰问、问候 |
| | | |
| きょうみ ① | 興味 | 兴趣 |
| | | （[コンピューターに]～が あります：对[计算机]感兴趣） |
| じょうほう ⓪ | 情報 | 情报 |
| ぶんぽう ⓪ | 文法 | 语法 |
| はつおん ⓪ | 発音 | 发音 |
| | | |
| さる ① | 猿 | 猴子 |
| えさ ② | | 饵 |
| | | |
| おもちゃ ② | | 玩具 |
| えほん ② | 絵本 | 小人书、连环画、画本、画册 |
| えはがき ② | 絵はがき | 美术明信片 |
| ドライバー ⓪ | | 螺丝刀 |
| | | |
| ハンカチ ⓪ | | 手帕 |
| くつした ② | 靴下 | 袜子 |
| てぶくろ ② | 手袋 | 手套 |
| | | |
| ゆびわ ⓪ | 指輪 | 戒指 |
| バッグ ① | | 手提包 |

| | | |
|---|---|---|
| そふ ① | 祖父 | （自己的）祖父、外祖父 |
| そぼ ① | 祖母 | （自己的）祖母、外祖母 |
| まご ② | 孫 | 孙子 |
| おじ ⓪ | | （自己的）叔叔、伯伯、舅舅 |
| おじさん ⓪ | | （别人的）叔叔、伯伯、舅舅 |
| おば ⓪ | | （自己的）伯母、婶婶、姨母、舅母 |
| おばさん ⓪ | | （别人的）伯母、婶婶、姨母、舅母 |
| おととし ② | | 前年 |

◻ 会話 ◻

| | |
|---|---|
| はあ | 哦 |
| 申し訳 ありません。 | 对不起。／抱歉。 |
| 預かります Ⅰ | 收存、保管 |
| 先日 ⓪ | 前些日子、前几天 |
| 助かります Ⅰ | 得到帮助、得救 |

……読み物……

| | |
|---|---|
| 昔話 ④ | 传说、故事 |
| ある〜 | 某、有的〜 |
| 男 ③ | 男子 |
| 子どもたち ③ | 孩子们 |
| いじめます Ⅱ | 欺负 |
| かめ ① | 乌龟 |
| 助けます Ⅱ | 救、帮助 |
| [お]城 ⓪ | 城堡 |
| お姫様 ② | 公主 |
| 楽しく | 愉快地、快乐地 |
| 暮らします Ⅰ | 生活、度日 |
| 陸 ⓪ | 大陆 |
| すると ⓪ | 于是就、这么一来 |
| 煙 ⓪ | 烟 |
| 真っ白[な] ③ | 洁白的 |
| 中身 ② | 内容、装在里面的东西 |

## II. 翻译

### 句型
1. 我从瓦特老师那儿得到了书。
2. 我请科长给我改了信上的错误。
3. 部长的太太教我学习茶道。
4. 我给儿子扎了架纸飞机。

### 例句
1. 真漂亮的碟子啊。
   …是啊。这是田中先生作为结婚礼物送给我的。
2. 妈妈，可以给那个猴子喂点心吗？
   …不行。那儿写着不能喂动物。
3. 去看过相扑吗？
   …看过。前几天部长带我去看的。很有意思。
4. 瓦朋先生，暑假的民宿活动怎么样啊？
   …很愉快。一家人对我都很好。
5. 孩子的生日准备做些什么呀？
   …想把朋友叫来搞个聚会。
6. 我不太会用新复印机，能教我一下吗？
   …好的。

### 会话

**能给保存一下东西吗**

| | |
|---|---|
| 米　　勒： | 小川夫人，想拜托您一件事……。 |
| 小川幸子： | 什么事啊？ |
| 米　　勒： | 是这样的，今天傍晚百货商店约好给我送东西来，可我现在有事必须出去一趟。 |
| 小川幸子： | 是吗。 |
| 米　　勒： | 所以很对不起，能在您这儿存一下吗？ |
| 小川幸子： | 好的，没问题。 |
| 米　　勒： | 非常感谢。我回来后马上就来取。 |
| 小川幸子： | 知道了。 |
| 米　　勒： | 麻烦您了。 |

----

| | |
|---|---|
| 米　　勒： | 啊，小川太太。前些天承蒙您帮我保存行李，非常感谢。 |
| 小川幸子： | 没什么。 |
| 米　　勒： | 您真帮我大忙了。 |

## III. 参考词汇

### 便利情報　方便、有用的信息

宅配便なら、ペンギン便！
送货到家，请利用企鹅宅送
旅行の荷物を家から空港まで配達します。
将旅行用的行李从贵宅运抵机场
学生や単身者のひっ越しをします。
承接学生和独身者的小规模搬家
☎ 03-3812-5566

泊まりませんか
要住宿吗
民宿三浦
三浦民家
安い、親切、家庭的な宿
便宜、热情、家庭式的旅馆
☎ 0585-214-1234

公民館からのお知らせ　文化馆通知
月曜日　星期一　日本料理講習会　日本菜讲习班
火曜日　星期二　生け花スクール　插花课程
水曜日　星期三　日本語教室　日语班
＊毎月第3日曜日　每月第3个星期天　バザー　跳蚤市场
☎ 0798-72-2518

レンタルサービス
租赁服务
何でも貸します!!
任何东西都出租
・カラオケ　　卡拉OK
・ビデオカメラ　摄像机
・着物　　　和服
・携帯電話　　手机
・ベビー用品　婴儿用品
・レジャー用品　休闲用品
・旅行用品　　旅行用品
☎ 0741-41-5151

便利屋　便利店　☎ 0343-885-8854
何でもします!!
什么都干
☆家の修理、掃除
　房屋的修理、清扫
☆赤ちゃん、子どもの世話
　照顾婴儿、小孩
☆犬の散歩
　带狗散步
☆話し相手
　陪您聊天

お寺で体験できます
可以到本寺庙体验生活

禅ができます　　　　　可以坐禅
精進料理が食べられます　可以吃素斋

金銀寺　☎ 0562-231-2010

## IV. 语法解释

### 1. 授受表达方式

第7课和第24课学了物及行为的授受表达。这一课中将进一步学习反映给予者和接受者关系的授受表达方式。

1) 名词₁ に 名词₂ を やります

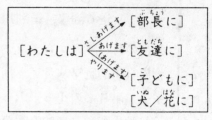

当物的接受者是比自己地位低的人或动植物时，通常用「やります」。但是最近在对人时多用「あげます」。

① わたしは 息子に お菓子を やりました（あげました）。　我给儿子点心了。

② わたしは 犬に えさを やりました。　我给狗喂食儿。

[注] 要对接受者表示敬意时，用「さしあげます」。

2) 名词₁ に 名词₂ を いただきます

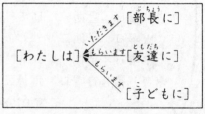

当从地位高的人那里得到东西时，不用「もらいます」，而用「いただきます」。

③ わたしは 部長に お土産を いただきました。

我从部长那里得到土特产品。

3) [わたしに] 名词 を くださいます

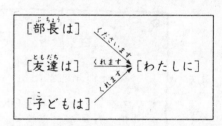

当地位高的人给你东西时，不用「くれます」，而用「くださいます」。

④ 部長が わたしに お土産を くださいました。

部长送给我土特产品。

「くださいます」在接受者是说话人的家人时也能用。

⑤ 部長が 娘に お土産を くださいました。部长送给我女儿土特产品。

### 2. 行为的授受

在表达行为的授受时，要用「やります」「いただきます」「くださいます」。用例如下所示。

1) 动词て形 やります

⑥ わたしは 息子に 紙飛行機を 作って やりました（あげました）。

我给儿子扎了架纸飞机。

⑦ わたしは 犬を 散歩に 連れて 行って やりました。

我带狗去散步了。

⑧ わたしは 娘の 宿題を 見て やりました（あげました）。
　　我给女儿看了作业。

[注] 与第24课学的「～て あげます」一样，用「さしあげます」，也会给人以尊大的印象，所以在对上司、长辈当面说话时最好不用这种说法。

2) 动词て形 いただきます

⑨ わたしは 課長に 手紙の まちがいを 直して いただきました。
　　我请科长给我改了信上的错误。

3) 动词て形 くださいます

⑩ 部長の 奥さんは［わたしに］お茶を 教えて くださいました。
　　部长的太太教我学习茶道。

⑪ 部長は［わたしを］駅まで 送って くださいました。
　　部长一直送我到车站。

⑫ 部長は［わたしの］レポートを 直して くださいました。
　　部长替我改了报告。

3．动词て形 くださいませんか

这是礼貌程度很高的请求表达方式。但是，比第26课的「～て いただけませんか」礼貌程度要低些。

⑬ コピー機の 使い方を 教えて くださいませんか。
　　您能教我复印机的使用方法吗？

⑭ コピー機の 使い方を 教えて いただけませんか。
　　能请您教我复印机的使用方法吗？　　　　　　　　　　（第26课）

4．名词に 动词

这个助词「に」，表示"作为～的证明""作为～的纪念"的意思。

⑮ 田中さんが 結婚の お祝いに この お皿を くださいました。
　　田中先生作为结婚礼物送给我这个碟子。

⑯ わたしは 北海道旅行の お土産に 人形を 買いました。
　　我买了偶人作为北海道旅行的纪念。

# 第 42 课

## I. 単词

| | | |
|---|---|---|
| つつみます I | 包みます | 包、包上、包围 |
| わかします I | 沸かします | 烧开、使～沸腾 |
| まぜます II | 混ぜます | 混合 |
| けいさんします III | 計算します | 计算 |
| | | |
| あつい ② | 厚い | 厚（的） |
| うすい ⓪ | 薄い | 薄（的） |
| | | |
| べんごし ③ | 弁護士 | 律师 |
| おんがくか ⓪ | 音楽家 | 音乐家 |
| こどもたち ③ | 子どもたち | 孩子们 |
| ふたり ③ | 二人 | 一对、两个人 |
| | | |
| きょういく ⓪ | 教育 | 教育 |
| れきし ⓪ | 歴史 | 历史 |
| ぶんか ① | 文化 | 文化 |
| しゃかい ① | 社会 | 社会 |
| ほうりつ ⓪ | 法律 | 法律 |
| | | |
| せんそう ⓪ | 戦争 | 战争 |
| へいわ ⓪ | 平和 | 和平 |
| | | |
| もくてき ⓪ | 目的 | 目的 |
| あんぜん ⓪ | 安全 | 安全 |
| ろんぶん ⓪ | 論文 | 论文 |
| かんけい ⓪ | 関係 | 关系 |
| | | |
| ミキサー ① | | 搅拌器 |
| やかん ⓪ | | 水壶 |
| せんぬき ③ | 栓抜き | 瓶塞起子 |
| かんきり ③ | 缶切り | 罐头起子、开罐刀 |
| かんづめ ③ | 缶詰 | 罐头 |
| | | |
| ふろしき ⓪ | | 包袱皮 |
| そろばん ⓪ | | 算盘 |
| たいおんけい ⓪ | 体温計 | 体温计 |

| | | |
|---|---|---|
| ざいりょう③ | 材料 | 材料 |
| いし② | 石 | 石头 |
| ピラミッド③ | | 金字塔 |
| データ① | | 数据 |
| ファイル① | | 文件夹 |
| ある〜 | | 某、有的〜 |
| いっしょうけんめい⑤ | 一生懸命 | 拼命地、努力地 |
| なぜ① | | 为什么 |
| ※国連⓪ | | 联合国 |
| ※エリーゼの ために | | 致爱丽斯（乐典名） |
| ※ベートーベン | | 贝多芬（德国作曲家，1770〜1827） |
| ※ポーランド① | | 波兰 |

◘ 会話 ◘

| | |
|---|---|
| ローン① | 贷款 |
| セット① | 套 |
| あと | 其余 |

……読み物……

| | |
|---|---|
| カップラーメン | 杯装方便面 |
| インスタントラーメン | 方便面 |
| なべ① | 锅 |
| どんぶり⓪ | 大碗 |
| 食品⓪ | 食品 |
| 調査① | 调查 |
| カップ① | 杯子 |
| また⓪ | 另、其他 |
| 〜の 代わりに | 代替〜 |
| どこででも | 在任何地方都 |
| 今では | 现在 |

## II. 翻译

### 句型
1. 为了将来能拥有自己的店铺，正在存钱。
2. 这把剪刀是用于剪花的。

### 例句
1. 这个夏天，为了参加跳盂兰盆舞，我每天都在练习。
   …是吗。令人期待啊。
2. 为什么一个人去爬山呢？
   …我是为了能一个人思考，才去爬山的。
3. 为了身体的健康，您在做点什么吗？
   …还没有。不过想从下个星期开始每天早上跑跑步。
4. 真是优美的乐曲啊。
   …这首曲子叫"致爱丽斯"。是贝多芬为一个小女孩而作的。
5. 这是做什么用的？
   …是开葡萄酒瓶用的。
6. 在日本举行结婚仪式需要多少钱呢？
   …我想要200万日元吧。
   啊-！要200万日元啊？
7. 那个包能放东西的地方挺多的啊。
   …是啊。钱包、文件和手帕能分开放，旅行及上班用都挺方便的。

### 会话
#### 奖金做什么用呢

铃木：　　林先生，奖金什么时候能发啊？
林　：　　下周。你们公司呢？
铃木：　　明天。一直盼着呢。
　　　　　首先要付买车的贷款，再买一套高尔夫球具，然后去旅行……。
小川：　　不存点儿钱吗？
铃木：　　存钱吗？我很少考虑。
林　：　　我想去伦敦旅行，其余的就存起来。
铃木：　　是为结婚存钱吗？
林　：　　不是的。想什么时候去英国留学。
小川：　　嗯，还是单身的人好啊。钱都用于自己。我要付房子的贷款，再为孩子的教育存点儿钱，就剩不下什么了。

III. 参考词汇

## 事務用品・道具（じむようひん・どうぐ）　办公用品・工具

| とじる<br>订缀、订上 | はさむ・とじる<br>夹、订 | 留（と）める<br>固定住、钉住 | 切る<br>剪、切 |
|---|---|---|---|
| ホッチキス<br>订书机 | クリップ<br>曲别针、夹子 | 画びょう（押しピン）<br>图钉 | カッター　はさみ<br>裁纸刀　剪刀 |
| はる<br>贴　　　粘 | | 削る<br>削 | ファイルする<br>整理成册 |
| セロテープ　ガムテープ　のり<br>透明胶带　橡皮胶带　胶水、浆糊 | | 鉛筆削（えんぴつけず）り<br>电动削笔器、转笔刀 | ファイル<br>文件夹 |
| 消す<br>擦掉 | (穴を)あける<br>打（孔） | 計算する<br>计算 | (線を)引く／測る<br>划（线）／测量 |
| 消しゴム　修正液<br>橡皮　涂改液 | パンチ<br>打孔器 | 電卓（でんたく）<br>计算器 | 定規（ものさし）<br>尺子 |
| 切る<br>切断 | (くぎを)打つ<br>钉（钉子） | 挟む／曲げる／切る<br>夹／弯曲／切 | (ねじを)締める／緩める<br>拧（螺丝）／松（螺丝） |
| のこぎり<br>锯 | 金づち<br>钉锤 | ペンチ<br>钳子 | ドライバー<br>改锥 |

## IV. 语法解释

1. | 动词字典形 |
   | 名词の    | } ために、～ |  为了……

   这个句型表示目的。

   ① 自分の 店を 持つ ために、貯金して います。
   　　为了拥有自己的店铺，正在存钱。
   ② 引っ越しの ために、車を 借ります。　为搬家借汽车。
   ③ 健康の ために、毎朝 走って います。为了健康，每天早上跑步。
   ④ 家族の ために、うちを 建てます。　为家人建房子。

   "名词の ために"也表示"为了成为名词的利益"的意思。如（④）。

   [注1] 第36课学的「～ように」也用作表示目的，用「～ように」的时候要使用非意志动词，与此相比，用「～ために」时则使用意志动词。试比较以下两个句子：

   ① 自分の 店を 持つ ために、貯金して います。
   ⑤ 自分の 店が 持てるように、貯金して います。
   　　为了能拥有自己的店铺，正在存钱。

   ①是自己有意识地以"拥有店铺"为目的，为了实现这个目标而，"在存钱"，与此相比，⑤表示以"能拥有店铺"这样的状态作为目标，为了接近这个状态而"在存钱"的意思。

   [注2]「なります」如下例所示，可以表示有意志⑥、无意志⑦两种意思。

   ⑥ 弁護士に なる ために、法律を 勉強して います。
   　　为了成为律师，正在学习法律。
   ⑦ 日本語が 上手に なるように、毎日 勉強しています。
   　　为了日语有进步，每天在学习。

2. | 动词字典形の |
   | 名词        | } に ～

   第38课学过、动词字典形加上「の」的话，则那个部分可作为名词使用。另外、"动词字典形のに"、"名词に"后接「つかう」「いい」「べんりだ」「やくにたつ」「[じかんが] かかる」等动词、形容词，表示用途及目的。

   ⑧ この はさみは 花を 切るのに 使います。
   　　这把剪刀是用于剪花的。
   ⑨ この かばんは 大きくて、旅行に 便利です。
   　　这个包很大，旅行用很方便。
   ⑩ 電話番号を 調べるのに 時間が かかりました。
   　　为了查电话号码，花了不少时间。

[注] 各种各样表示目的的表达方式。
至今学过表示目的的表达方式有以下几种。

[1] 动词ます形 } に 行きます／来ます／帰ります　　　　　（第13课）
　　名词

⑪ 神戸へ 船を 見に 行きます。　　　去神户看船。
⑫ 日本へ 経済の 勉強に 来ました。　来日本学习经济。

[2] 动词字典形 } （无意志表现）ように、～（意志表现）　（第36课）
　　动词ない形ない

⑬ 早く 届くように、速達で 出します。
　　为了尽快寄到，用快件寄出。
⑭ 忘れないように、メモします。
　　为了不忘记而做记录。

[3] 动词字典形（意志表现） } ために、～（意志表现）　　（第42课）
　　名词の

⑮ 大学に 入る ために、一生懸命 勉強します。
　　为了考上大学拼命学习。
⑯ 健康の ために、野菜を たくさん 食べます。
　　为了健康吃很多蔬菜。

[4] 动词字典形の } に { 使います／役に 立ちます／[時間が] かかります
　　名词　　　　　　　 いいです／便利です／必要です　　（第42课）

⑰ ファイルは 書類を 整理するのに 使います。
　　文件夹用于整理文件。
⑱ 近くに 店が なくて、買い物に 不便です。
　　附近没有商店，购物很不方便。

3. 数量词は

　　助词「は」接在数量词后，表示说话者所估量的最小限度。
⑲ 日本では 結婚式を するのに 200万円は 要ります。
　　在日本举行结婚仪式，至少需要200万日元。

4. 数量词も

　　助词「も」接在数量词后，表示说话者认为那个数量很大。
⑳ 駅まで 行くのに 2時間も かかりました。
　　去火车站竟然用了两个小时。
㉑ うちを 建てるのに 3,000万円も 必要なんですか。
　　建所房子需要3,000万元啊？

# 第 43 课

## I. 单词

| | | |
|---|---|---|
| ふえます Ⅱ | 増えます | [出口]増加 |
| [ゆしゅつが～] | [輸出が～] | |
| へります Ⅰ | 減ります | [出口]减少 |
| [ゆしゅつが～] | [輸出が～] | |
| あがります Ⅰ | 上がります | [价格]上涨、提高 |
| [ねだんが～] | [値段が～] | |
| さがります Ⅰ | 下がります | [价格]下降 |
| [ねだんが～] | [値段が～] | |
| きれます Ⅱ | 切れます | [绳子]断了 |
| [ひもが～] | | |
| とれます Ⅱ | | [纽扣]脱落、掉下 |
| [ボタンが～] | | |
| おちます Ⅱ | 落ちます | [行李]脱落、掉下 |
| [にもつが～] | [荷物が～] | |
| なくなります Ⅰ | | 丢失、[汽油]用尽了 |
| [ガソリンが～] | | |
| | | |
| じょうぶ[な]⓪ | 丈夫[な] | 结实的、健康的 |
| へん[な]① | 変[な] | 奇怪的、不寻常的 |
| しあわせ[な]⓪ | 幸せ[な] | 幸福的 |
| | | |
| うまい② | | 好吃（的）、擅长于 |
| まずい② | | 不好吃（的） |
| つまらない③ | | 无聊（的） |
| | | |
| ガソリン⓪ | | 汽油 |
| | | |
| ひ① | 火 | 火 |
| だんぼう⓪ | 暖房 | 暖气 |
| れいぼう⓪ | 冷房 | 冷气 |
| | | |
| センス① | | 品味、感觉（[ふくの]～が あります：穿[衣服]有品味） |

| | | |
|---|---|---|
| いまにも① | 今にも | 马上、不久、眼看（用于描写变化发生前的状况） |
| わあ | | 哇！／哦！ |

□会話□
| | | |
|---|---|---|
| 会員⓪ | | 会员、成员 |
| 適当[な]⓪ | | 合适的、适当的 |
| 年齢⓪ | | 年龄 |
| 収入⓪ | | 收入 |
| ぴったり③ | | 正合适的 |
| そのうえ | | 加之、而且 |
| ～と いいます | | 叫～ |

……読み物……
| | |
|---|---|
| ばら⓪ | 玫瑰 |
| ドライブ② | 驾车兜风 |

## II. 翻译

### 句型
1. 好像马上就要下雨了。
2. 我去买一下票。

### 例句
1. 你上衣的纽扣要掉了。
   …啊，真的。谢谢你啊！
2. 暖和了啊。
   …是啊，樱花好像马上就要开了。
3. 这是德国的苹果蛋糕，请吃吧。
   …哇，好像很好吃嘛，那我就吃了。
4. 新来的科长，好像头脑很聪明，也很认真。
   …是的。但是穿衣服好像没有什么品位。
5. 资料不够呀。
   …对不起，请去复印一下。
6. 我出去一下。
   …大概什么时候回来。
   打算4点之前回来。

### 会话

#### 看着挺和气的

胥米特：  那是什么照片呀？
渡　边：  是相亲用的照片。
         是从婚姻介绍公司拿来的。
胥米特：  还有婚姻介绍公司啊？
渡　边：  是啊。成为会员后，能将自己的情况和希望输入计算机。然后，计算机会为你选择合适的人选。
胥米特：  是吗，听着真有意思。
渡　边：  这个人你觉得怎么样？
胥米特：  很英俊，看着也挺和气的，挺棒的。
渡　边：  是的。年龄、收入、兴趣都很符合我的希望。而且，姓也一样。也叫渡边。
胥米特：  喔，计算机可真了不起啊。

## III. 参考词汇

### 性格・性質(せいかく・せいしつ) 性格・性情

| | | | |
|---|---|---|---|
| 明るい 开朗(的) | 暗い 阴郁(的) | 活発[な] | 活泼 |
| | | 誠実[な] | 诚实 |
| 優しい | 温柔亲切(的) | わがまま[な] | 任性 |
| おとなしい | 老实(的) | まじめ[な] 认真 | ふまじめ[な] 不认真 |
| 冷たい | 冷淡(的) | | |
| 厳しい | 严格(的) | | |
| 気が長い | 有耐心、慢性子(的) | 頑固[な] | 顽固、固执 |
| 気が短い | 急性子(的) | 素直[な] | 天真、纯朴、诚挚 |
| 気が強い 刚强(的) | 気が弱い 懦弱(的) | 意地悪[な] | 坏心眼儿 |
| | | 勝ち気[な] | 好胜、要强 |
| | | 神経質[な] | 神经质 |

## IV. 语法解释

1. 
```
动词ます形
い形容词(～い)    } そうです    看起来好像……
な形容词[な]
```

这个句型基本上是叙述以通过视觉获得的信息为依据进行的推测。

1) 动词ます形 そうです

根据现在看到的状态预测某种现象时，用这个句型表达。再加上「いまにも」「もうすぐ」「これから」等，也可以叙述对那个现象发生时期的预测。

① 今にも 雨が 降りそうです。
　　好像马上就要下雨了。
② シャンプーが なくなりそうです。
　　洗发香波好像要用完了。
③ もうすぐ 桜が 咲きそうです。
　　樱花好像马上就要开了。
④ これから 寒く なりそうです。
　　这以后好像要冷起来了。

2) 
```
い形容词(～い)
な形容词[な]    } そうです
```

表示尽管没有实际上去确认，但从外观考察好像是那样的意思。

⑤ この 料理は 辛そうです。　　　这个菜看上去挺辣的。
⑥ 彼女は 頭が よさそうです。　　她好像挺聪明的。
⑦ この 机は 丈夫そうです。　　　这张桌子看着挺结实的。

[注] 表示感情的形容词（うれしい、かなしい、さびしい等），在表示他人的感情时不能原样使用。要在这些形容词后面加上「～そうです」，采用从外观推测内部的形式。

⑧ ミラーさんは うれしそうです。
　　米勒先生看起来挺高兴的样子。

2. 动词て形 来ます

1) 动词て形 きます，表示"到某个地方，做某个动作后再回来"的意思。

⑨ ちょっと たばこを 買って 来ます。
　　我去买包烟来。

例⑨表示了（1）去卖烟的场所，（2）在那儿买烟，（3）回到原来的地方这三个动作。

进行动作的场所用「で」表示，但如果动词的焦点在物的移动上的话，则如⑪所示，用场所「から」这样的表达方式。

⑩ スーパーで 牛乳を 買って 来ます。

　　去超市买牛奶回来。

⑪ 台所から コップを 取って 来ます。

　　我去厨房取个杯子来。

2）**名词(场所)へ 行って 来ます**

「きます」前的动词「いきます」用其「て形」，表示去某个地方再回来的意思。一般用于不用特别说明在某个地方发生了什么事的时候。

⑫ 郵便局へ 行って 来ます。

　　我去趟邮局就来。

3）**出かけて 来ます**

「きます」前的动词「でかけます」用其「て形」，表示去某处再回来的意思。用于无需对去的地方和目的进行特别说明的时候。

⑬ ちょっと 出かけて 来ます。　　　　我出去一下就回来。

# 第 44 课

## I. 単词

| なきます I | 泣きます | 哭 |
| わらいます I | 笑います | 笑、微笑 |
| かわきます I | 乾きます | 干 |
| ぬれます II | | 湿、潮湿 |
| すべります I | 滑ります | 滑 |
| おきます II | 起きます | 发生［事故］ |
| ［じこが～］ | ［事故が～］ | |
| ちょうせつします III | 調節します | 调节 |

| あんぜん［な］⓪ | 安全［な］ | 安全的 |
| ていねい［な］① | 丁寧［な］ | 礼貌的、恭敬的、仔细的、认真的 |

| こまかい③ | 細かい | 小（的）、细小（的）、详细（的） |
| こい① | 濃い | （味道）浓（的）、（颜色）深（的） |
| うすい⓪ | 薄い | （味道）淡（的）、（颜色）浅（的） |

| くうき① | 空気 | 空气 |
| なみだ① | 涙 | 眼泪 |

| わしょく⓪ | 和食 | 日式饭菜 |
| ようしょく⓪ | 洋食 | 西式饭菜 |
| おかず⓪ | | 菜 |

| りょう① | 量 | 分量 |
| ～ばい | ～倍 | ～倍 |
| はんぶん③ | 半分 | 一半 |

| シングル① | | 单人间 |
| ツイン② | | 双人间 |

| たんす⓪ | | 衣柜 |
| せんたくもの⓪ | 洗濯物 | 洗的衣服 |

| りゆう⓪ | 理由 | 理由 |

◻会話◻

| | |
|---|---|
| どう なさいますか。 | 您要怎么样（做）？ |
| カット① | 剪发 |
| シャンプー① | 洗发香波 |
| どういうふうに なさいますか。 | 您准备怎么剪（做）？ |
| ショート | 短发 |
| ～みたいに して ください。 | 请剪（理）成～。 |
| これで よろしいでしょうか。 | 这样行吗？ |
| ［どうも］お疲れさまでした。 | 您辛苦了。 |

……読み物……

| | |
|---|---|
| 嫌がります Ⅰ | 讨厌、不喜欢 |
| また⓪ | 另外 |
| 順序① | 顺序 |
| 表現③ | 表达、表现 |
| 例えば② | 例如 |
| 別れます Ⅱ | 分开、分离 |
| これら② | 这些 |
| 縁起が 悪い | 不吉利 |

## II. 翻译

### 句型
1. 昨晚喝酒喝多了。
2. 这台计算机很好用。
3. 请把这条裤子改短一点儿。
4. 今晚愉快地跳舞吧。

### 例句
1. 是在哭吗？
   …不是的，是笑得过头而流泪的。
2. 最近的汽车操作很简单啊。
   …是啊。但是太简单了，驾驶就没意思了。
3. 乡下和城市，哪儿住着舒服呢？
   …我认为乡下住着舒服。
   物价便宜，空气也很新鲜。
4. 这个杯子很结实，不易碎。
   …孩子用着安全，挺好的。
5. 夜已经深了，能安静一点儿吗。
   …好的。对不起。
6. 今晚吃什么菜啊。
   …昨天已经吃了肉了，今天就做鱼吧。
7. 要爱惜使用水电。
   …好的，知道了。
8. 将蔬菜切碎后，和鸡蛋混在一起。
   …好的。这样行吗？

### 会话
#### 请理成照片这个样子

美容师： 欢迎光临。今天要怎么做啊。
李　　： 请给我理一下。
美容师： 那么，先给您洗洗，请到这边来。

------------------------------------------------

美容师： 怎么理呢？
李　　： 我想理短一点儿……。
　　　　请理成照片上这个样子。
美容师： 啊，真漂亮啊。

------------------------------------------------

美容师： 前边的长度这样行吗？
李　　： 啊。请再短一点儿。

------------------------------------------------

美容师： 您辛苦了。这样行吗？
李　　： 好。谢谢。

# III. 参考词汇

## 美容院・理髪店（びよういん・りはつてん）　美容院・理发店

| | | | |
|---|---|---|---|
| カット | 剪发 | トリートメント | 梳理 |
| パーマ | 烫发 | ブロー | 吹干头发 |
| セット | 梳整发型 | ヘアダイ | 染发 |
| シャンプー | 洗发香波 | そる［ひげ／顔を～］ | 剃［胡子／刮脸］ |
| リンス | 护发素 | 分ける［髪を～］ | 分、分头 |

| | | |
|---|---|---|
| 耳が見えるくらいに | | 可以看见耳朵。 |
| 肩にかかるくらいに | | 长及肩膀。 |
| まゆが隠れるくらいに | ｝切ってください。 | 可以遮住眉毛。 |
| 1センチくらい | 请剪到（掉） | 一厘米左右。 |
| この写真みたいに | | 像这张相片上这样。 |

## いろいろなヘアスタイル　各种发型

| | | |
|---|---|---|
| ボブ　女子短发 | レイヤーカット　分层式发型 | ソバージュ　大波浪 |
| おかっぱ　娃娃头 | 三つ編み　结辫子 | ポニーテール　马尾 |
| 丸刈り　平头 | 長髪　长发 | リーゼント　男式大背头 |

## IV. 语法解释

**1.** 动词ます形 ／ い形容词(～い) ／ な形容词[な]　＋ すぎます

「～すぎます」表示行为或状态的程度超过了许可的范围。因此，一般用于某种状态不应该的场合。

① ゆうべ お酒を 飲みすぎました。　　昨晚喝酒喝多了。
② この セーターは 大きすぎます。　　这件毛衣太大了。

「～すぎます」属于第二类动词，所以活用也与其一样。

例：のみすぎる、のみすぎ(ない)、のみすぎた

③ 最近の 車は 操作が 簡単すぎて、運転が おもしろくないです。
最近汽车操作太简单，驾车没有意思。
④ いくら 好きでも、飲みすぎると、体に 悪いですよ。
不论多喜欢，喝得太多的话，对身体没有好处。

**2.** 动词ます形 ＋ やすいです ／ にくいです

1) 表示对某个对象进行某个动作时，具有容易或者困难的性质。

⑤ この パソコンは 使いやすいです。　　这个计算机很好用。
⑥ 東京は 住みにくいです。　　东京不容易居住。

2) 表示作为主体的物体或人容易成为那样，或者不容易成为那样。或者表示某件事容易发生或不容易发生。

⑦ 白い シャツは 汚れやすいです。　　白衬衫容易脏。
⑧ 雨の 日は 洗濯物が 乾きにくいです。下雨天洗的东西不容易干。

[注]「～やすい」「～にくい」和い形容词的活用一样。

⑨ この 薬は 砂糖を 入れると、飲みやすく なりますよ。
这种药加入砂糖的话，就容易吃了。
⑩ この コップは 割れにくくて、安全ですよ。
这个杯子不容易破，很安全。

3. 
```
い形容词(～い)→～く
な形容词[な]→に      します
名词に
```

第19课学的「～く／に なります」,是表示某个主体变化成某个状态。而⑪～⑬的「～く／～に します」,则表示由某人使某个对象变成某个状态。

⑪ 音を 大きく します。　　　　　　把声音调大。

⑫ 部屋を きれいに します。　　　　将屋子打扫干净。

⑬ 塩の 量を 半分に しました。　　把盐份减至一半。

4. 名词に します

这个句型表示选择和决定。

⑭ 部屋は シングルに しますか、ツインに しますか。

　　房间是要单人间还是要双人间?

⑮ 会議は あしたに します。

　　会议在明天开。

5. 
```
い形容词(～い)→く
な形容词[な]→に      动词
```

如上述般,形容词变换其形式,可作为副词使用。

⑯ 野菜を 細かく 切って ください。

　　请把蔬菜切细一点。

⑰ 電気や 水は 大切に 使いましょう。

　　要爱惜使用水电。

# 第 45 课

## I. 单词

| | | |
|---|---|---|
| あやまります I | 謝ります | 道歉 |
| あいます I | | 遭遇、遇到［事故］ |
| ［じこに～］ | ［事故に～］ | |
| しんじます II | 信じます | 相信、信任 |
| よういします III | 用意します | 准备 |
| キャンセルします III | | 取消 |
| うまく いきます I | | 顺利进行 |
| | | |
| ほしょうしょ ⓪ | 保証書 | 保证书 |
| りょうしゅうしょ ⓪ | 領収書 | 收据 |
| おくりもの ⓪ | 贈り物 | 礼物（～を します：送礼） |
| まちがいでんわ | まちがい電話 | 打错的电话 |
| | | |
| キャンプ ① | | 野营、帐篷 |
| かかり ① | 係 | 担任某项工作的人 |
| ちゅうし ⓪ | 中止 | 中止、中途停止 |
| | | |
| てん ⓪ | 点 | 点、分 |
| レバー ① | | 退币钮 |
| ［～えん］さつ | ［～円］札 | ［～日元］的钞票 |
| | | |
| ちゃんと ③ | | 规规矩矩、准确无误、确实、完全、正经 |
| きゅうに ⓪ | 急に | 突然 |
| | | |
| たのしみに して います | 楽しみに して います | 期待着／盼望着 |
| いじょうです。 | 以上です。 | 到此结束。 |

□会話□

| | |
|---|---|
| 係員③ | 工作人员 |
| コース① | 路线 |
| スタート② | 开始、出发 |
| ～位 | 第～名 |
| 優勝しますⅢ | 获得冠军 |

……読み物……

| | |
|---|---|
| 悩み③ | 麻烦、烦恼 |
| 目覚まし[時計] | 闹钟 |
| 眠りますⅠ | 睡觉 |
| 目が覚めますⅡ | 醒来 |
| 大学生③ | 大学生 |
| 回答⓪ | 回答 |
| 鳴りますⅠ | 叫、响 |
| セットしますⅢ | 组成套 |
| それでも③ | 尽管如此、可是 |

## II. 翻译

### 句型
1. 信用卡遗失时，请速与制卡公司联系。
2. 事先约好了，她却没来。

### 例句
1. 打错电话的时候，该怎么道歉呢？
   …说："对不起，拨错号了"就可以了。
2. 这是这台计算机的保修书。
   出现问题的时候，请打这个电话。
   …好的，知道了。
3. 请问，这个图书馆能给开复印的收据吗？
   …能开。需要时请跟管理员说一下。
4. 当发生火灾和地震时，请千万不要使用电梯。
   …好的，知道了。
5. 演讲进行得顺利吗？
   …不顺利，拼命地练习拼命地记，但中间还是给忘了。
6. 下着雨还去打高尔夫啊？
   …是的。虽然打得不好，却很喜欢。

### 会话
#### 拼命地练习了

工作人员： 这次马拉松赛是健身马拉松赛，所以请大家不要勉强。
如果你感觉不舒服，请告诉工作人员。

参加者： 好的。

工作人员： 如果跑错了路线的话，请返回原定路线再接着跑。

参加者： 我想问一下，如果中途想退出的话，怎么办好呢？

工作人员： 那样的话，请对附近的工作人员说一下自己的名字，就可以回去了。那么，出发的时间到了。

-----------------------------------------------

铃　木： 米勒先生，马拉松跑得怎么样？

米　勒： 得了第二名。

铃　木： 第二名呀，真了不起啊。

米　勒： 没什么，虽然拼命地做了练习却没能拿冠军，很遗憾。

铃　木： 明年还有机会呢。

# III. 参考词汇

## 非常の場合　紧急情况

〔1〕地震の場合　地震时

1）備えが大切　预防很重要
① 家具が倒れないようにしておく
让家具不要倒下
② 消火器を備える・水を貯えておく
准备好灭火器·备好水
③ 非常用持ち出し袋を用意しておく
准备好紧急备用袋
④ 地域の避難場所を確認しておく
确认好住宅区的避难场所
⑤ 家族、知人、友人と、もしもの場合の連絡先を決めておく
决定好和家人、熟人、朋友在紧急情况下的联系地址

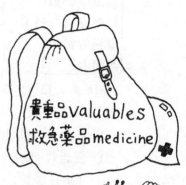

2）万一地震が起きた場合　万一发生地震时
① すばやく火の始末
迅速将火灭掉
② 戸を開けて出口の確保
打开门保证有出口
③ 慌てて外に飛び出さない
不要慌忙跑到屋外
④ テーブルの下にもぐる
钻到桌子下面

3）地震が収まったら　地震停止后
正しい情報を聞く（山崩れ、崖崩れ、津波に注意）
了解正确信息（要注意山崩、滑坡、海啸）

4）避難する場合は　避难时
車を使わず、必ず歩いて
不要驾车一定要步行

〔2〕台風の場合　刮台风时
① 気象情報を聞く　　　听天气预报
② 家の周りの点検　　　检查屋子周围
③ ラジオの電池の備えを　准备好收音机用的电池
④ 水、緊急食品の準備　准备水及紧急食品

## IV. 语法解释

1. 
```
动词字典形
动词た形
动词ない形ない    場合は、〜
い形容词(〜い)
な形容词な
名词の
```

「〜ばあいは」是假设某种状况的表达方式。后续的句子则表示对策的方法，或是成了某种结果。「ばあい」后面可接动词、形容词、名词等词。因为「ばあい」是名词，所以接续的方法和名词修饰的接续法一样。

① 会議に 間に 合わない 場合は、連絡して ください。
如果赶不上会议的话，请联系一下。

② 時間に 遅れた 場合は、会場に 入れません。
如果误了时间的话，就进不了会场。

③ ファクスの 調子が 悪い 場合は、どう したら いいですか。
当传真机的状态不好时，怎麼办呢？

④ 領収書が 必要な 場合は、係に 言って ください。
当需要收据的时候，请和工作人员说一下。

⑤ 火事や 地震の 場合は、エレベーターを 使わないで ください。
当遇到火灾或地震时，请不要使用电梯。

2. 
```
动词
い形容词  普通形
な形容词  普通形    のに、〜
名词      〜だ→〜な
```

「のに」可以接在动词、形容词、名词中任意一种的后面，接续的方法如上所示。「のに」用于从前半部分来看当然应该这样，但在后半部分却出现了预料之外的结果时。

⑥ 約束を したのに、彼女は 来ませんでした。
事先约好了，她却没来。

⑦ きょうは 日曜日なのに、働かなければ なりません。
今天是礼拜天，却必须得工作。

⑥表示说话者既然和她约好了，就期待她按预定的时间来。没来的话则有一种被出卖的感觉。⑦则表示说话者认为星期天可以休息，但仍然要工作，有一种不满的感觉。像这样，后半部一般含有意外或不满的心情。

[注]「～のに」和「～が」／「～ても」的区别

⑧ わたしの 部屋は 狭いですが、きれいです。　　（×狭いのに）

　我的房间虽然很小，但很干净。

⑨ あした 雨が 降っても、出かけます。　　（×雨が 降るのに）

　明天即使下雨也要出去。

⑧和⑨的「～が」「～ても」不能用「～のに」替换。⑧只是连接两个不同的评价，后半部分不是前半部分预想外的结果，⑨则是在前半部分假定某件事情，而「～のに」只能表示既定的事情。

⑩ 約束を したのに、どうして 来なかったんですか。（×約束を しましたが

　约好了的，为什么没来？　　　　　　　　　　　（×約束を しても）

相反地、⑩的「～のに」也不能用「～が」「～ても」替换。因为后半部分是非常强烈的责难表达方式。

# 第 46 课

## I. 单词

| | | |
|---|---|---|
| やきます I | 焼きます | 烧、烤 |
| わたします I | 渡します | 递交、交给 |
| かえって きます III | 帰って 来ます | 回来 |
| でます II [バスが～] | 出ます | 离开、[公共汽车]出发 |
| | | |
| るす① | 留守 | 不在家 |
| たくはいびん⓪ | 宅配便 | 宅急送 |
| | | |
| げんいん⓪ | 原因 | 原因 |
| ちゅうしゃ⓪ | 注射 | 注射 |
| しょくよく⓪ | 食欲 | 食欲 |
| | | |
| パンフレット① | | 小册子 |
| ステレオ⓪ | | 音响设备 |
| | | |
| こちら⓪ | | 我们这边、这侧 |
| | | |
| ～の ところ | ～の 所 | ～的地方 |
| | | |
| ちょうど⓪ | | 正好、刚好 |
| たったいま④ | たった今 | 刚才（和过去形一起使用） |

いま いいでしょうか。　今 いいでしょうか。现在行吗？

☐会話☐

| | |
|---|---|
| ガスサービスセンター | 煤气服务中心 |
| ガスレンジ③ | 煤气灶 |
| 具合⓪ | 情况 |
| どちら様でしょうか。 | 您是哪位？ |
| 向かいます I | 向～去 |
| お待たせしました。 | 让您久等了。 |

……読み物……

| | |
|---|---|
| 知識① | 知识 |
| 宝庫① | 宝库 |
| 手に 入ります［情報が～］I | 到手、获得［情报］ |
| システム① | 系统 |
| 例えば② | 例如 |
| キーワード③ | 关键词 |
| 一部分③ | 一部分 |
| 入力します III | 录入 |
| 秒① | 秒 |
| 出ます［本が～］II | 出、出版［书］ |

## II. 翻译

### 句型
1. 会议就要开始。
2. 他3月份刚大学毕业。
3. 文件已用快件寄出,明天应该能到。

### 例句
1. 喂喂,我是田中,现在方便吗?
   …对不起。我现在正要出门呢。
   　回来后,我给你打电话吧。
2. 故障的原因弄清楚了吗?
   …没有,现在正在查呢。
3. 渡边先生在吗?
   …啊,他刚回去。
   　也许还在电梯那儿呢。
4. 工作怎么样啊?
   …因为上个月刚进公司,所以还不太清楚。
5. 这台摄像机,上礼拜刚买的,就不能用了。
   …那让我看一下吧。
6. 特雷莎退烧了吗?
   …刚给他打了针,3个小时后就会退烧的。

### 会话
#### 应该马上就到了

服务员: 你好,这儿是煤气服务中心。
瓦　朋: 嗯,煤气灶有点问题……。
服务员: 是什么样的情况呢?
瓦　朋: 上周刚修过,还老是灭火。挺危险的,请快点来看一下吧。
服务员: 明白了。我想大概5点钟左右就能到。
　　　　请说一下您的地址和姓名。

-------------------------------------

瓦　朋: 喂喂,你们说5点钟来看煤气灶的,怎么还没到啊。
服务员: 对不起。您是哪位啊。
瓦　朋: 我叫瓦朋。
服务员: 请稍等。我和服务人员联系一下。

-------------------------------------

服务员: 让您久等了。现在正朝您那儿去呢。请再等10分钟吧。

# かたかな語のルーツ　片假名单词的词源

日语中有很多外来语，书写时要用片假名。这些外来语来源于英语的最多，也有来自于如法语、荷兰语、德语、葡萄牙语等的。另外，也有日本人自己创造的片假名单词。

| | 食べ物・飲み物<br>食物・饮料 | 衣服<br>衣服 | 病気<br>疾病 | 芸術<br>艺术 | その他<br>其他 |
|---|---|---|---|---|---|
| 英語 | ジャム　ハム<br>果酱　火腿<br>クッキー<br>曲奇饼干<br>チーズ<br>奶酪 | エプロン<br>围裙<br>スカート<br>裙<br>スーツ<br>西服 | インフルエンザ<br>流感<br>ストレス<br>(精神上的)疲劳 | ドラマ<br>电视连续剧<br>コーラス<br>合唱<br>メロディー<br>旋律 | スケジュール<br>日程<br>ティッシュペーパー<br>餐巾纸<br>トラブル　レジャー<br>麻烦　闲暇 |
| フランス語 | コロッケ<br>猪肉土豆饼<br>オムレツ<br>蛋包饭<br>ピーマン<br>青椒 | ズボン<br>裤子<br>ランジェリー<br>女式贴身内衣裤<br>キュロット<br>裙裤 | | バレエ<br>芭蕾<br>シャンソン<br>民歌<br>アトリエ<br>工作室 | アンケート<br>民意调查<br>コンクール<br>演唱会<br>ピエロ<br>丑角 |
| ドイツ語 | フランクフルト<br>[ソーセージ]<br>法兰克福香肠 | | レントゲン<br>X光<br>ノイローゼ<br>神经衰弱<br>アレルギー<br>过敏 | メルヘン<br>童话、故事 | アルバイト<br>打工、零工<br>エネルギー<br>能量<br>ゲレンデ　テーマ<br>滑雪场　主题 |
| オランダ語 | ビール<br>啤酒<br>コーヒー<br>咖啡 | ズック<br>帆布鞋<br>ホック<br>子母扣 | メス<br>手术刀<br>ピンセット<br>小钳子 | | ゴム　ペンキ<br>橡胶　漆<br>ガラス　コック<br>玻璃　厨师 |
| ポルトガル語 | パン<br>面包<br>カステラ<br>蛋糕 | ビロード<br>丝绒<br>チョッキ<br>西装背心 | | | カルタ<br>纸牌 |
| イタリア語 | マカロニ<br>通心粉<br>スパゲッティ<br>意大利面条 | | | オペラ<br>歌剧<br>バレリーナ<br>芭蕾舞女演员 | |

## IV. 语法解释

1. 
```
动词字典形
动词て形 いる  } ところです
动词た形
```

「ところ」本来是表示场所的词，但也表示时间的位置。本课中学的「ところ」是后者，用于强调某个动作或事件在进行过程中，现在处于一个什么样的局面。

1) 动词字典形 ところです

表示某件事即将开始前，或某件事开始的意思。和「これから」「ちょうど」「いまから」等词一起使用时，意思更加清楚。

① 昼ごはんは もう 食べましたか。

　…いいえ、これから 食べる ところです。

吃过午饭了吗？

…还没有，现在正准备吃呢。

② 会議は もう 始まりましたか。

　…いいえ、今から 始まる ところです。

会议开始了吗？

…还没有，刚要开始。

2) 动词て形 いる ところです

表示某个动作正在进行当中。常和「いま」一起使用。

③ 故障の 原因が わかりましたか。

　…いいえ、今 調べて いる ところです。

故障的原因清楚了吗？

…还不清楚，现在正在调查。

3) 动词た形 ところです

表示某件事刚刚结束。常和「たったいま」等副词一起使用。

④ 渡辺さんは いますか。

　…あ、たった今 帰った ところです。

　　まだ エレベーターの 所に いるかも しれません。

渡边先生在吗？

…啊，他刚回去。

　　也许还在电梯附近。

⑤ たった今 バスが 出た ところです。

公共汽车刚走。

[注]「～ところです」是名词句，作为名词句可以接续各种句型。参考⑥。

⑥ もしもし 田中ですが、今 いいでしょうか。
　…すみません。今から 出かける ところなんです。
　　喂，我是田中，现在方便吗？
　　…对不起，我正要出门。

2. 动词た形 ばかりです

这个句形表示某个动作进行过，或者某个事件发生后没过多长时间的说话者心情。不管实际上时间经过的长短，只要说话者觉得短就可以用这个句型。这一点和表示动作刚刚完成的「动词た形 ところです」不同。

⑦ さっき 昼ごはんを 食べた ばかりです。
　　我刚吃过午饭。
⑧ 木村さんは 先月 この 会社に 入った ばかりです。
　　木村先生上个月刚进这家公司。

[注]「～ばかりです」是名词句，作为名词句可以接续各种句型。参考⑨。

⑨ この ビデオは 先週 買った ばかりなのに、調子が おかしいです。
　　这个录像机是上个月刚买的，但状态很糟糕。

3. 动词字典形
　动词ない形 ない
　い形容词(～い)　｝はずです
　な形容词な
　名词の

这个句型用于说话者依照某种根据，很确信地陈述自己所下判断的场合。

⑩ ミラーさんは きょう 来るでしょうか。
　　…来る はずですよ。きのう 電話が ありましたから。
　　米勒先生今天会来吗？
　　…应该会来的。昨天他打过电话。

在⑩中，"昨天打过电话"是判断的根据，依照这个根据，说话者自己下了"米勒先生会来"这个判断，对此判断的确信是通过「～はずです」来表达的。

# 第 47 课

## I. 单词

| | | |
|---|---|---|
| あつまりますⅠ | 集まります | [人]集合 |
| [ひとが～] | [人が～] | |
| わかれますⅡ | 別れます | 分离、分别、[与人]分手 |
| [ひとが～] | [人が～] | |
| ながいきしますⅢ | 長生きします | 长寿 |
| しますⅢ | | |
| [おと／こえが～] | [音／声が～] | 听见有[响动／声音] |
| [あじが～] | [味が～] | 有[味道] |
| [においが～] | | 有[气味] |
| さしますⅠ | | 撑开、打[伞] |
| [かさを～] | [傘を～] | |
| | | |
| ひどい② | | 残酷无情(的)、严厉(的)、严重(的) |
| こわい② | 怖い | 可怕(的) |
| | | |
| てんきよほう④ | 天気予報 | 天气预报 |
| はっぴょう⓪ | 発表 | 发表 |
| じっけん⓪ | 実験 | 实验 |
| じんこう⓪ | 人口 | 人口 |
| におい② | | 气味 |
| | | |
| かがく① | 科学 | 科学 |
| いがく① | 医学 | 医学 |
| ぶんがく① | 文学 | 文学 |
| | | |
| パトカー③ | | 警车 |
| きゅうきゅうしゃ③ | 救急車 | 急救车 |
| | | |
| さんせい⓪ | 賛成 | 赞成 |
| はんたい⓪ | 反対 | 反对 |
| | | |
| だんせい⓪ | 男性 | 男性、男士 |
| じょせい⓪ | 女性 | 女性、女士 |

| | |
|---|---|
| どうも① | 有点儿、总觉得（用于不十分肯定的判断） |
| ～に よると | 根据～（表示情报来源） |
| ※バリ[島]① | 巴厘岛（在印尼） |
| ※イラン① | 伊朗 |
| ※カリフォルニア⓪ | 加利弗尼亚（在美国） |
| ※グアム② | 关岛 |

◻会話◻

| | |
|---|---|
| 恋人⓪ | 恋人、男朋友、女朋友 |
| 婚約します Ⅲ | 订婚 |
| 相手③ | 对方、对手 |
| 知り合います Ⅰ | 相识 |

······読み物······

| | |
|---|---|
| 平均寿命⑤ | 平均寿命 |
| 比べます[男性と～] Ⅱ | 比较、[和男性]相比 |
| 博士① | 博士 |
| 脳① | 大脑 |
| ホルモン① | 荷尔蒙 |
| 化粧品⓪ | 化妆品 |
| 調べ③ | 调查 |
| 化粧② | 化妆（～を します：进行化妆） |

## II. 翻译

### 句型
1. 根据天气预报，听说明天要变冷。
2. 隔壁房间好像有人。

### 例句
1. 我从报纸上看到，听说1月份有日语演讲比赛。米勒先生不参加吗？
   …是啊。我考虑一下。
2. 据说克拉拉小时候在法国住过。
   …所以她也会说法语啊。
3. 听说动力电气公司的新电子词典使用很方便，很不错。
   …是的。我已经买了。
4. 前一阵子我去印尼的巴厘岛玩了。
   …听说是个很漂亮的地方。
   是的。真是挺不错的。
5. 声音挺大，可够热闹的啊。
   …是啊。好像在聚会什么的。
6. 人聚得真多啊。
   …好像发生了事故。警车和急救车都来了。

### 会话
#### 听说订婚了

| | |
|---|---|
| 渡边： | 我先走了。 |
| 高桥： | 啊，渡边小姐，请等一下。我也回去……。 |
| 渡边： | 对不起，我有点急事。 |

-------------------------------------------

| | |
|---|---|
| 高桥： | 渡边小姐最近回去得挺早的。 |
| | 总觉得她好像有了恋人似的。 |
| 林： | 唉，你还不知道啊？听说她前不久订婚了。 |
| 高桥： | 是吗，跟谁呀？ |
| 林： | IMC的铃木先生。 |
| 高桥： | 铃木先生？ |
| 林： | 听说是去年在渡边小姐朋友的婚礼上认识的。 |
| 高桥： | 是吗？ |
| 林： | 你怎么样了？ |
| 高桥： | 我吗？工作就是我的恋人。 |

# III. 参考词汇

## 擬音語・擬態語　拟声词・拟态词

| | | |
|---|---|---|
| ザーザー（降る）<br>哗哗地（下雨） | ピューピュー（吹く）<br>呜呜地（刮风） | ゴロゴロ（鳴る）<br>轰隆轰隆地（打雷） |
| ワンワン（ほえる）<br>汪汪地（叫） | ニャーニャー（鳴く）<br>喵喵地（叫） | カーカー（鳴く）<br>呱呱地（叫） |
| げらげら（笑う）<br>哈哈（大笑） | しくしく（泣く）<br>抽抽搭搭地（哭） | きょろきょろ（見る）<br>四下张望 |
| ぱくぱく（食べる）<br>大吃特吃 | ぐうぐう（寝る）<br>呼呼地（睡） | すらすら（読む）<br>流利地（读） |
| ざらざら（している）<br>粗糙不光滑 | べたべた（している）<br>粘乎乎地 | つるつる（している）<br>滑溜 |

## IV. 语法解释

1. 普通形そうです　听说…

   是说话者将从某处得到的信息，不加自己的意见传达给听话者的表达方式。如果要显示信息出处的话，用「～に よると」形式在句首表示。

   ① 天気予報に よると、あしたは 寒く なるそうです。
   　　根据天气预报报道，明天要变冷。
   ② クララさんは 子どもの とき、フランスに 住んで いたそうです。
   　　据说克拉拉小姐小时候住在法国。
   ③ バリ島は とても きれいだそうです。
   　　听说巴厘岛很漂亮。

   [注1] 与第43课学的表示样态的「～そうです」，不论是意思还是接续方法都不一样，需要加以注意。试比较以下的例子。

   ④ 雨が 降りそうです。　　　　好像要下雨了。　　　（第43课）
   ⑤ 雨が 降るそうです。　　　　听说要下雨。
   ⑥ この 料理は おいしそうです。　这道菜看上去挺好吃的。（第43课）
   ⑦ この 料理は おいしいそうです。　据说这道菜很好吃。

   [注2]「～そうです」(传闻) 和「～と いって いました」(第33课) 的区别：

   ⑧ ミラーさんは あした 京都へ 行くそうです。
   　　据说米勒先生明天去京都。
   ⑨ ミラーさんは あした 京都へ 行くと 言って いました。
   　　米勒先生说他明天要去京都。

   ⑨的信息源就是米勒先生本身，与此相比，⑧则不仅是米勒先生自己，还可能有其他的信息源。另外，⑨可以将米勒先生的话进行直接或间接的引用，而⑧只能用普通形。

2. 
| 动词 | 普通形 | |
|---|---|---|
| い形容词 | 普通形 | ようです |
| な形容词 | 普通形～だ→～な | |
| 名词 | 普通形～だ→～の | |

好像……

「～ようです」表示说话者以感觉器官等得到的信息为依据，进行主观推测。另外，这个句型常和表示"不确定自己说的是不是事实"的副词「どうも」一起使用。

⑩ 人が 大勢 集まって いますね。
　　…事故のようですね。パトカーと 救急車が 来て いますよ。
　　聚集了很多的人啊！
　　…好像是发生了事故。警车和急救车都来了。

⑪ せきも 出るし、頭も 痛い。どうも かぜを ひいたようだ。
　　咳嗽，头也疼。很像是感冒了。

[注]「～そうです」(第43课、样态) 和「～ようです」的区别：

⑫ ミラーさんは 忙しそうです。　　　米勒先生看起来很忙。(第43课)

⑬ ミラーさんは 忙しいようです。　　米勒先生好像很忙。

⑫是表示根据看到米勒先生样子和行动的视觉直观判断。而⑬则表示说话者根据读到的或是听到事情自己下的判断。

3. 声／音／におい／味が します

⑭ 変な 音が しますね。　　　　　有奇怪的声音。

在表示由感觉器官捕捉到的现象时，用「～が します」。采取这种形式的有「こえが します」「においが します」「あじが します」等。这些表达方式都与说话者的意志无关，只是表示感觉到的意思。

# 第 48 课

## I．单词

| | | |
|---|---|---|
| おろします I | 降ろします、下ろします | 放下、卸下 |
| とどけます II | 届けます | 送到、呈报 |
| せわを します III | 世話を します | 照顾 |

| | | |
|---|---|---|
| いや[な]② | 嫌[な] | 讨厌、不愿意 |

| | | |
|---|---|---|
| きびしい③ | 厳しい | 严格（的）、强硬（的） |

| | | |
|---|---|---|
| じゅく① | 塾 | 补习学校 |

| | | |
|---|---|---|
| スケジュール② | | 日程 |

| | | |
|---|---|---|
| せいと① | 生徒 | 学生（指小学、初中、高中生） |
| もの② | 者 | （指和自己亲近的）人 |

| | | |
|---|---|---|
| にゅうかん⓪ | 入管 | 入国管理局 |
| さいにゅうこくビザ | 再入国ビザ | 再入境签证 |

| | | |
|---|---|---|
| じゆうに | 自由に | 自由地 |
| ～かん | ～間 | ～中间、～期间 |

| | |
|---|---|
| いい ことですね。 | 那是件好事啊。 |

◻ 会話 ◻

| | |
|---|---|
| お忙しいですか。 | 您忙吗？（用于和长者、上司交谈时） |
| 久しぶり ⓪ | 隔了很久 |
| 営業 ⓪ | 营业、销售 |
| それまでに | 到那时为止 |
| かまいません。 | 没关系。／别介意。 |
| 楽しみます Ⅰ | 享乐、快乐 |

······読み物······

| | |
|---|---|
| もともと ⓪ | 原来、原本 |
| ～世紀 | ～世纪 |
| 代わりを します Ⅲ | 代替 |
| スピード ⓪ | 速度 |
| 競走します Ⅲ | 赛跑 |
| サーカス ① | 杂技 |
| 芸 ① | 技艺、技能、技巧 |
| 美しい ④ | 美丽（的） |
| 姿 ① | 姿势、姿态 |
| 心 ② | 心、心情 |
| とらえます Ⅱ | 打动、抓住 |
| ～に とって | 对于～来说 |

II. 翻译

**句型**

1. 让儿子去英国留学。
2. 让女儿学钢琴。

**例句**

1. 到车站后，请来电话。
   我让工作人员去接你。
   …知道了。
2. 汉斯挺喜欢在外面玩的吧。
   …是的。对身体有好处，又能交到朋友，所以尽量让他在外面玩。
3. 喂喂，我找一郎。
   …对不起。一郎正在洗澡。回头让他给你打吧。
4. 瓦特老师的课怎么样啊？
   …挺严格的。因为绝对不让学生用日语。
   　不过，他让学生自由地说想说的话。
5. 对不起。能在这儿稍微停一下车吗。想卸一下行李。
   …可以啊。

**会话**

### 能请假吗

米　　勒：　科长，您现在忙吗？
中村科长：　不忙，说吧。
米　　勒：　我有个请求……。
中村科长：　什么事儿啊？
米　　勒：　是这样，下个月在美国的朋友要结婚了。
中村科长：　是吗。
米　　勒：　所以我想请假回趟国。
中村科长：　下个月的什么时候呢？
米　　勒：　从7号开始休息10天左右行吗？
　　　　　　因为我也很久没有见到父母了……。
中村科长：　嗯，下个月20号有营业会议吧。那之前能回来吗？
米　　勒：　婚礼是15号，结束后马上就能回来。
中村科长：　那可以。回去好好玩一玩儿吧。
米　　勒：　谢谢您了。

## III. 参考词汇

しつける・鍛える　教育・锻炼

子どもに何をさせますか　让孩子做些什么呢？

- 自然の中で遊ぶ
  在大自然中玩耍
- スポーツをする
  作运动
- 一人で旅行する
  一个人去旅行
- いろいろな経験をする
  体验各种事情

- いい本をたくさん読む
  读很多有益的书
- お年寄りの話を聞く
  听年长者的话

- ボランティアに参加する
  参加志愿者活动
- うちの仕事を手伝う
  帮助做家务
- 弟や妹、おじいちゃん、おばあちゃんの世話をする
  照顾弟弟、妹妹、爷爷、奶奶

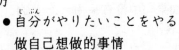

- 自分がやりたいことをやる
  做自己想做的事情
- 自分のことは自分で決める
  自己的事自己决定
- 自信を持つ
  有自信
- 責任を持つ
  有责任心
- 我慢する
  忍耐

- 塾へ行く
  去补习班
- ピアノや英語を習う
  学习钢琴或英语

## 1. 使役动词

使役动词的变换方法（参考主教材188页第48课练习A1）

|  | | 使役动词 | |
|---|---|---|---|
|  | | 礼貌形 | 普通形 |
| I | いきます | いかせます | いかせる |
| II | たべます | たべさせます | たべさせる |
| III | きます | こさせます | こさせる |
|  | します | させます | させる |

所有的使役动词都属于第2类动词，按字典形、ない形、て形等变化。

例：いかせる、いかせ（ない）、いかせて

## 2. 使役动词的句子

使役动词中，动词表示的动作主体，有用「を」来表示和用「に」来表示这两种。下述1）中原来的动词属自动词时用「を」，如2）所示属他动词时，不管是否叙述这个动词的宾语，都用「に」来表示。

1) 名词(人)を 使役动词(自动词)　让[名词（人）]……

① 部長は 加藤さんを 大阪へ 出張させます。

部长让加藤去大阪出差。

② わたしは 娘を 自由に 遊ばせました。

我让女儿自由地玩。

[注] 作为例外，自动词中用 [名词（场所）を] 的词，要象③一样，用「に」来表示动作的主体，如果句中没有采用「を」时，要象④一样，动作的主体根据原则仍用「を」来表示。

③ わたしは 子どもに 道の 右側を 歩かせます。

我让孩子走在路的右侧。

④ わたしは 子どもを 歩かせます。　我让孩子走路。

2) 名词(人)に 名词を 使役动词(他动词)　让[名词（人）]……

⑤ 朝は 忙しいですから、娘に 朝ごはんの 準備を 手伝わせます。

早上因为很忙，所以让女儿帮着准备早餐。

⑥ 先生は 生徒に 自由に 意見を 言わせました。

老师让学生自由地发表意见。

## 3. 使役的使用方法

使役动词表示强制和容许。例如父母和子女、兄长和弟弟、同一公司的上司和部下等上下关系清楚，地位高的人强制地位低的人做某个行为，或是容许地位低的

人的行为时使用。①⑤是强制的例子，②⑥是容许的例子。但是如果像下面这样，在公司等的组织中，告诉外部的人让内部的人做某个动作时，则不论内部的上下关系如何都要使用使役句。

⑦ 駅に 着いたら、お電話を ください。
　　係の 者を 迎えに 行かせますから。
　　…わかりました。
　　到车站后请打个电话。
　　我好让工作人员去接您。
　　…明白了。

[注1] 地位低的人让地位高的人做某个行为时，如果上下关系明确的话，要用动词て形 いただきます。地位相同或上下关系微妙时，可用动词て形 もらいます。

⑧ わたしは 部長に 説明して いただきました。
　　我请部长做了说明。
⑨ わたしは 友達に 説明して もらいました。
　　我让朋友给做了说明。

[注2] 从⑧的例句中可以看出，地位低的人对地位高的人通常不能用使役动词。但是虽然在这本教科书中不会学习到，但动词若是情动动词「あんしんする(放心)、しんぱいする(担心)、がっかりする(失望)、よろこぶ(高兴)、かなしむ(悲伤)、おこる(生气)等」时，象例句⑩一样，地位低的人也能例外地对位高的人用使役形。

⑩ 子どもの とき、体が 弱くて、母を 心配させました。
　　小时候身体不好很让母亲担心。

4. 使役动词て形 いただけませんか　　能让我……吗？

第26课学了「て形 いただけませんか」。这在请求对方做某件事时使用，当请求对方同意自己的行为时，使用「使役动词て形 いただけませんか」。

⑪ コピー機の 使い方を 教えて いただけませんか。
　　您能教给我复印机的使用方法吗？　　　　　　　　　　（第26课）
⑫ 友達の 結婚式が あるので、早退させて いただけませんか。
　　因为有朋友的结婚仪式，能让我早退一会儿吗？　　　　（第48课）

⑪中「おしえる」的是听者一方，⑫中「そうたいする」的则是说话者。

# 第 49 课

## I. 单词

| | | |
|---|---|---|
| つとめます II<br>　[かいしゃに～] | 勤めます<br>[会社に～] | [在公司]工作 |
| やすみます I | 休みます | 睡觉 |
| かけます II<br>　[いすに～] | 掛けます | 坐[在椅子上] |
| すごします I | 過ごします | 度过、过 |
| よります I<br>　[ぎんこうに～] | 寄ります<br>[銀行に～] | 顺路去[银行] |
| いらっしゃいます I | | 在、来、去("います、いきます、きます"的尊敬语) |
| めしあがります I | 召し上がります | 吃、喝("たべます、のみます"的尊敬语) |
| おっしゃいます I | | 说("いいます"的尊敬语) |
| なさいます I | | 做("します"的尊敬语) |
| ごらんに なります I | ご覧に なります | 看("みます"的尊敬语) |
| ごぞんじです | ご存じです | 知道("しっています"的尊敬语) |
| あいさつ① | | 问候、寒暄（～を します：问候） |
| はいざら⓪ | 灰皿 | 烟灰缸 |
| りょかん⓪ | 旅館 | 旅馆 |
| かいじょう⓪ | 会場 | 会场 |
| バスてい⓪ | バス停 | 公共汽车站 |
| ぼうえき⓪ | 貿易 | 贸易 |
| ～さま | ～様 | （"～さん"的尊敬语） |
| かえりに | 帰りに | 回来（去）的途中 |
| たまに⓪ | | 偶尔 |
| ちっとも③ | | 一点也不（和否定形一起使用） |
| えんりょなく | 遠慮なく | 不客气 |

□ 会話 □

| | |
|---|---|
| 〜年〜組 | 〜年级〜班 |
| では | 那么（"じゃ"的礼貌说法） |
| 出します［熱を〜］Ⅰ | 发［烧］ |
| よろしく お伝え ください。 | 请代我问好。 |
| 失礼いたします。 | 告辞了。（"しつれいします"的谦逊语） |
| ※ひまわり小学校 | 向日葵小学（虚构的校名） |

······読み物······

| | |
|---|---|
| 講師① | 讲师 |
| 多くの 〜 | 很多的〜、众多的〜 |
| 作品⓪ | 作品 |
| 受賞します Ⅲ | 获奖 |
| 世界的に | 世界性的 |
| 作家⓪ | 作家 |
| 〜で いらっしゃいます Ⅰ | 是（"です"的尊敬语） |
| 長男① | 长子 |
| 障害⓪ | 障碍、障碍物 |
| お持ちです | 有（"もって います"的尊敬语） |
| 作曲⓪ | 作曲 |
| 活動⓪ | 活动、行动 |
| それでは③ | 那么 |
| ※大江 健三郎 | 大江健三郎（日本作家，1935〜） |
| ※東京大学 | 东京大学 |
| ※ノーベル文学賞 | 诺贝尔文学奖 |

## 句型

1. 科长已经回去了。
2. 总经理已经回去了。
3. 部长去美国出差了。
4. 请稍等一下。

## 例句

1. 这本书您看了吗？
   …嗯，已经看了。
2. 对不起，那个烟灰缸您用吗？
   …不，我不用。你用吧。
3. 您经常看电影吗？
   …不。但有时从电视上看。
4. 您知道小川先生的儿子考上了樱花大学吗？
   …不，一点也不知道。
5. 您喝点什么？请不要客气。
   …那我喝啤酒吧。
6. 松本部长在吗？
   …嗯，在这边的房间。请进吧。

## 会话

### 请代为转告

老　师：　你好，这儿是向日葵小学。
克拉拉：　早上好。我是5年级2班汉斯·胥米特的母亲，伊藤老师在吗？
老　师：　还没来呢。
克拉拉：　那么，您能跟伊藤老师转达一下吗？
老　师：　好的，什么事啊？
克拉拉：　是这样的，汉斯从昨晚开始发烧，到今天早上烧还没退。
老　师：　那可不行啊。
克拉拉：　所以今天想请假，请转告伊藤老师。
老　师：　我知道了。请多保重。
克拉拉：　那麻烦您了。

## III. 参考词汇

### 電話のかけ方　电话的打法

：もしもし、――さんのお宅でいらっしゃいますか。
喂，是――先生府上吗？

：はい、――でございます。
是的，这是――家。
：私、――と申しますが、
――さんはいらっしゃいますか。
我叫――。
――在吗？

：いいえ、違います。
不对，你打错了。
：あ、失礼しました。
哦，对不起。

：はい、ちょっとお待ちください。
在，请稍等。
＊　＊　＊　＊　＊
：もしもし、――ですが……
喂，我是――。

：――は外出中ですが。
――出去了。
：ああ、そうですか。
啊，是吗。
あのう、伝言をお願いできますか。
您能替我捎个口信吗？
：はい、どうぞ。
好的，请讲。
：では、すみませんが、会議は10時に始まるとお伝えください。
那，麻烦您转告他会议10点钟开始。
：はい、わかりました。
好的，知道了。

：――は出かけておりますが。
――外出了。
：何時ごろお帰りになりますか。
什么时候能回来？
：10時ごろになると思いますが。
大概10点左右吧。
：では、そのころまたお電話します。
那我到时再打过来。
：そうですか。
好吧。
：失礼します。
再见。

## IV. 语法解释

### 1. 敬語(敬语)

在第49课和第50课中要学习「けいご」。所谓「けいご」就是说话者对听话者或话题中的人表示敬意的语言现象。说话者对从社会关系上应该表示敬意的人就必须使用「けいご」。「けいご」的使用由以下三个主要因素来决定。(1)说话者的年龄或社会地位处于下方，要对上面的人表示敬意时使用「けいご」。(2)初次见面时，说话者和听话者的关系不亲密时，要对听话人表示敬意时用「けいご」。(3)「ウチ－ソト」的关系也是在使用「けいご」时必须要考虑的。「ウチ」是指家人、公司等自己所属的集团。「ソト」则是指自己圈子以外的人。说话者对「ソトの ひと(外部的人)」讲述「ウチの ひと(内部的人)」的情况时，将「ウチの ひと」视为同说话人一样。因此，即使「ウチの ひと」是地位高的人也不能为了对那个人表示敬意而使用「けいご」。

### 2.「敬語」的种类

「けいご」中有「そんけいご」(尊敬语)、「けんじょうご」(谦逊语)和「ていねいご」(礼貌语)三种。我们将在第49课中学习「そんけいご」。

### 3. 尊敬語(尊敬语)

「そんけいご」是为了对听话者及话题中的人表示敬意，用于表达听话者及话题中人的行为及状态。对所有物等可以视作属于那个人的物体及人时均可使用。

1) 动词

(1) **尊敬动词**(参考主教材196页第49课练习A1)

被动动词的形式也可作为尊敬动词用。属第二类动词。

① 中村さんは 7時に 来られます。　　中村先生7点钟来。
② お酒を やめられたんですか。　　您戒酒了吗？

(2) お动词ます形に なります

与使用(1)的尊敬动词相比，用这个形式的敬意和礼貌程度都要更高一些。「みます」「ねます」等ます形的1音节动词和第三类动词不能用这个形式。另外，(3)中提出的可以用特别尊敬动词替换的动词就用特别尊敬动词形式。

③ 社長は もう お帰りに なりました。　总经理已经回去了。

(3) **特殊尊敬语**(参考主教材第49课练习A5)

有一些动词有尊敬的意思，表示和(2)相同程度的敬意。

④ ワット先生は 研究室に いらっしゃいます。瓦特老师在研究室里。
⑤ どうぞ 召し上がって ください。　　　　请用吧。

［注］「いらっしゃいます」「なさいます」「くださいます」「おっしゃいます」属第一类动词，活用时除ます形以外按「ら行」变化。

⑥ ワット先生は テニスを なさいますか。 瓦特老师打网球吗？
　…いいえ、なさらないと 思います。 …不，我想不打吧。

(4) お动词ます形 ください

是对对方请求、劝诱时表示敬意的句型。

⑦ あちらから お入り ください。 请从那儿进。

［注］(3)的特殊动词不能用这种形式，但是「めしあがります」可用「おめしあがり ください」，「ごらんに なります」可用「ごらん ください」的形式。

2) 名词・形容词・副词

除了动词以外，一部分名词、形容词和副词在词头加上「お」或者「ご」可以变成「そんけいご」。加「お」还是「ご」是由那个词本身决定的。一般来说，「お」加在日本固有的词前面，「ご」加在从汉语引进的词前面。

加「お」的词例：　　　　　　　　　加「ご」的词例：
（名词）　　　お国、お名前、お仕事　　（名词）　　ご家族、ご意見、ご旅行
（な形容词）お元気、お上手、お暇　　（な形容词）ご熱心、ご親切
（い形容词）お忙しい、お若い　　　　（副词）　　ご自由に

4．「敬語」和文体

「けいご」中也不光有礼貌形还有普通形。普通形用在句尾也就成了简体的句子。在关系亲密的人的对话中，若话题中出现的人是应该表示敬意的人时可使用这个句子。

⑧ 部長は 何時に いらっしゃる？ 部长什么时候到？

5．句子的一贯性

使用「けいご」的时候，句中的其他词也要一致用敬语表达方式，使礼貌的程度一致。

⑨ 部長の 奥様も ごいっしょに ゴルフに 行かれます。
部长夫人也一同去打高尔夫球。

⑨中为了让句中的礼貌程度一致，将「おくさん」「いっしょに」「いきます」全部改变，用了「おくさま」「ごいっしょに」「いかれます」。

6．～まして

在想礼貌地讲话时，可以将「动词て形」改成「动词ます形まして」。使用「けいご」的句子中，为了让句中的礼貌程度一致，经常使用「～まして」。

⑩ ハンスが ゆうべ 熱を 出しまして、けさも まだ 下がらないんです。
汉斯昨晚就发烧了，到今天早上还没有退。

# 第 50 课

## I. 单词

| | | |
|---|---|---|
| まいります I | 参ります | 去、来（"いきます、きます"的谦逊语） |
| おります I | | 在（"います"的谦逊语） |
| いただきます I | | 吃、喝、收到（"たべます、のみます、もらいます"的谦逊语） |
| もうします I | 申します | 说（"いいます"的谦逊语） |
| いたします I | | 做（"します"的谦逊语） |
| はいけんします III | 拝見します | 看（"みます"的谦逊语） |
| ぞんじます II | 存じます | 知道（"しります"的谦逊语） |
| うかがいます I | 伺います | 问、听到、拜访（"ききます、いきます"的谦逊语） |
| おめに かかります I | お目に かかります | 见到（"あいます"的谦逊语） |
| ございます I | | 有（"あります"的礼貌说法） |
| ～で ございます | | 是（"～です"的礼貌说法） |
| わたくし ⓪ | 私 | 我（"わたし"的谦逊语） |
| ガイド ① | | 导游 |
| おたく ⓪ | お宅 | 贵宅，府上 |
| こうがい ① | 郊外 | 郊外 |
| アルバム ⓪ | | 相册 |
| さらいしゅう ⓪ | さ来週 | 下下周 |
| さらいげつ ⓪ | さ来月 | 下下个月 |
| さらいねん ⓪ | さ来年 | 后年 |
| はんとし ④ | 半年 | 半年 |
| さいしょに | 最初に | 最初 |
| さいごに | 最後に | 最后 |
| ただいま ② | ただ今 | 刚才 |

※江戸東京博物館（えどとうきょうはくぶつかん）　　江户东京博物馆

◻会話◻

| | |
|---|---|
| 緊張します Ⅲ | 紧张 |
| 放送します Ⅲ | 播放 |
| 撮ります［ビデオに～］Ⅰ | 摄［像］ |
| 賞金 ⓪ | 奖金 |
| 自然 ⓪ | 自然 |
| きりん ⓪ | 长颈鹿 |
| 象 ① | 大象 |
| ころ ① | 时候、时期 |
| かないます［夢が～］Ⅰ | 实现［梦想］ |
| ひとこと よろしいでしょうか。 | 我能说一句吗？ |
| 協力します Ⅲ | 协力、合作、协助 |
| 心から | 衷心地 |
| 感謝します Ⅲ | 感谢 |

……読み物……

| | |
|---|---|
| ［お］礼 ⓪ | 感谢、致谢、礼节 |
| 拝啓 ① | 拜启 |
| 美しい ④ | 美丽（的） |
| お元気で いらっしゃいますか。 | 您好吗？（"おげんきですか"的尊敬语） |
| 迷惑を かけます Ⅱ | 添麻烦了 |
| 生かします Ⅰ | 活用 |
| ［お］城 | 城堡 |
| 敬具 ① | 谨具、此致敬礼 |
| ※ミュンヘン ① | 慕尼黑（德国地名） |

## II. 翻译

### 句型
1. 给您寄去这个月的日程表。
2. 我从美国来。

### 例句
1. 好像挺重的。我来帮您拿吧。
   …对不起。那就拜托了。
2. 导游小姐，看完这儿以后去哪儿呢？
   …再带您参观江户东京博物馆。
3. 古普先生是2点钟到吧。谁去接呢？
   …我去接。
4. 您的家人在哪儿呢？
   …在纽约。
5. 请让我看一下票。
   …好的。
   谢谢。
6. 您知道米勒先生在演讲比赛上得冠军的消息了吗？
   …是的，我已经从部长那儿听说了。
7. 这位是米勒先生。
   …初次见面。我叫米勒。
   请多关照。
8. 这附近有电话吗？
   …有，那边楼梯旁边就有。

### 会话
#### 衷心地感谢

主持人：　祝贺你取得第一。
　　　　　真是很精彩的演讲。
米　勒：　谢谢。
主持人：　您紧张吗？
米　勒：　是的，非常紧张。
主持人：　您知道电视要播出吗？
米　勒：　知道。我想用摄像机录下后，给在美国的父母看。
主持人：　奖金想做什么用呢？
米　勒：　嗯。我很喜欢动物，从小就梦想能去非洲。
主持人：　那么，你要去非洲吗？
米　勒：　是的。我想在非洲的大自然中看看长颈鹿和大象。
主持人：　终于实现了孩提时的梦想啊。
米　勒：　是的。嗯，最后我能再说一句吗？
主持人：　请。
米　勒：　我想向为参加这次演讲比赛，而给予我各方面帮助的各位朋友表示衷心的感谢。

## III. 参考词汇

封筒・はがきのあて名の書き方　信封・明信片收信人的写法

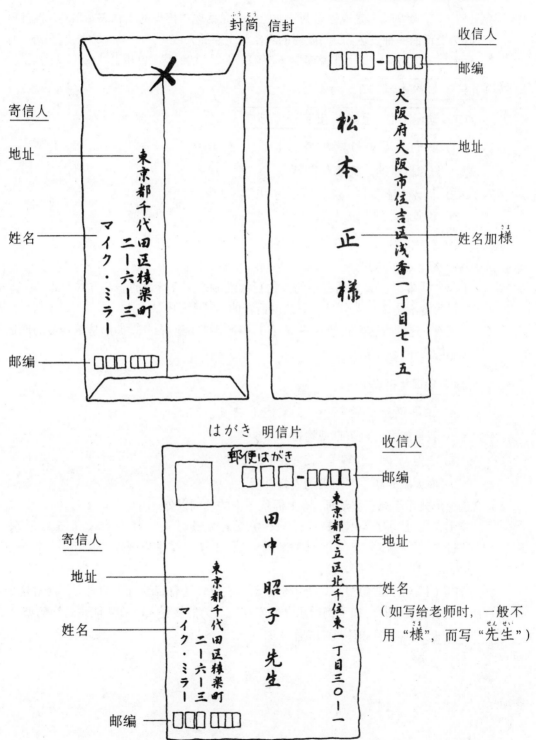

## IV. 语法解释

### 1. 謙譲語（谦逊语）

「けんじょうご」是说话者为了对听者或是话题中出现的人物表示敬意，将自身行为贬低的一种表达方式。敬意的对象为上面的人或「ソトの ひと」。另外，说话者对「ソトの ひと」说起「ウチの ひと」的时候，也用「けんじょうご」。

1) お／ご～します

(1) お 动词（Ⅰ、Ⅱ类）ます形 します

① 重そうですね。お持ちしましょうか。
　　好像挺重的，我帮您拿吧。
② 私が 社長に スケジュールを お知らせします。
　　我向总经理汇报日程。
③ 兄が 車で お送りします。
　　家兄用车送您。

①是对听者，②是对话题中的人物贬低说话人自身行为的表达方式。此外，③的行为者不是说话人自身，而是说话者的「ウチの ひと」。

还有，这种表达方式像「みます」「います」这样，ます形是单音节的动词时不能使用。

(2) ご 动词（Ⅲ类）

④ 江戸東京博物館へ ご案内します。
　　我带您去江户东京博物馆。
⑤ きょうの 予定を ご説明します。
　　向大家介绍一下今天的安排。

这个形式用于第三类动词。除上面例子中的动词以外，还有「しょうかいします」、「しょうたいします」、「そうだんします」、「れんらくします」等。不过，「でんわします」、「やくそくします」等作为例外，不用「ご」而用「お」。

[注]（1）（2）的句型，只能用于除动作主以外还有接受行为的对方，而对这个对方表示敬意时。如下例所示，当不存在行为的接受人时就不能用这个句型。

　　×私は 来月 国へ お帰りします。

2）特殊谦逊动词（参考主教材204页第50课练习A3）
　　有些动词自身就含有谦逊的意思。例如：
　　(1) 说话人的行为和听者以及话题中的人物有关系时
　　　⑥ 社長の 奥様に お目に かかりました。
　　　　我见到总经理夫人了。
　　　⑦ あしたは だれが 手伝いに 来て くれますか。
　　　　…私が 伺います。
　　　　明天谁来帮忙啊？
　　　　…我来。
　　(2) 说话人的行为和听者以及话题中的人物无关时
　　　⑧ ミラーと 申します。　　　　　我叫米勒。
　　　⑨ アメリカから 参りました。　　我从美国来。

## 2．丁寧語（礼貌语）

　「ていねいご」是指说话人为了向听者表示敬意时用的礼貌表达方式。
1）ございます
　　「ございます」是「あります」的礼貌语。
　　⑩ 電話は 階段の 横に ございます。
　　　电话在楼梯旁边。
2）〜で ございます
　　「〜で ございます」是「〜です」的礼貌语。
　　⑪ はい、IMCで ございます。
　　　…パワー電気の シュミットですが、ミラーさん、お願いします。
　　　你好，这里是IMC公司。
　　　…我是动力电气公司的胥米特，请找米勒先生。
3）よろしいでしょうか
　　「よろしいでしょうか」是「いいですか」的礼貌语。
　　⑫ お飲み物は 何が よろしいでしょうか。
　　　…コーヒーを お願いします。
　　　您喝点什么。
　　　…请给我咖啡。
　　⑬ この パンフレットを いただいても よろしいでしょうか。
　　　这个小册子可以拿走吗？

# 助词

1. ［は］
   - A：1）我不喜欢运动。（第26课）
     - 2）我们学校里有美国老师。（27）
     - 3）这台自动售货机坏了。（29）
   - B：1）以前从这儿能清楚看见山，现在看不见了。（27）
     - 2）会写平假名，但不会写汉字。（27）
     - 3）天气好的时候能看见富士山，下雨的日子则看不见。（27）
   - C：晚会的准备工作需要10个人。（42）

2. ［も］
   - A：1）弟弟的学校里也有美国教师。（27）
     - 2）发烧、头又疼，今天请假不去公司。（28）
   - B：修理录像机花了3个星期。（42）

3. ［の］
   - A：1）预定旅行一周。（31）
     - 2）桌子请根据说明书组装。（34）
     - 3）吃完饭后喝咖啡。（34）
     - 4）为了身体健康，吃很多蔬菜。（42）
     - 5）出现故障时，请打这个电话。（45）
     - 6）那家超市明天应该休息。（46）
     - 7）小川说的话好像是真的。（47）
     - 8）古普先生是2点钟到。（50）
   - B：女儿出生地是北海道的一个很小的城镇。（38）

4. ［を］
   - A：从大学毕业。（31）
   - B：晚上过了11点就不打电话了。（36）
   - C：部长让铃木先生休息3天。（48）

5. ［が］
   - A：1）没有公共汽车。（26）
     - 2）从窗户能看见山。（27）
     - 3）附近建起了一座大桥。（27）
     - 4）灯开着。（29）
     - 5）墙上挂着画。（30）
     - 6）我来做，就那样不用管了。（30）
     - 7）发现了一颗新星。（37）
     - 8）东京人走路很快。（38）
     - 9）讲解得很难，听不懂。（39）

    10）我去接古普先生。 (50)
 B： 我能看懂日文的报纸。 (27)
 C： 我想参观NHK，应该怎么办呢？ (26)

6. ［に］
 A：1） 我没赶上约会的时间。 (26)
   2） 参加运动会。 (26)
   3） 考上了樱花大学。 (32)
   4） 发现忘了东西。 (34)
   5） 明天我会参加棒球比赛。 (36)
   6） 遇到了事故。 (45)
   7） 在公司工作。 (49)
 B：1） 对面能看见岛屿。 (27)
   2） 把伞忘在电车上了。 (29)
   3） 墙上挂着画儿。 (30)
 C：1） 那位老师在学生中很有人缘儿。 (28)
   2） 我对计算机很感兴趣。 (41)
 D：1） 开车上大学。 (28)
   2） 我想和家人一起去温泉。 (31)
   3） 下个月要调到福冈工作。 (31)
 E：1） 跟渡边小姐说一下，让她把门打开吧。 (29)
   2） 明天我有事、您能转告科长一声吗？ (33)
 F： 部长给我派了工作。 (37)
 G： 你知道木村小姐生孩子了吗？ (38)
 H： 这个碟子是部长作为结婚礼物送给我的。 (41)
 I： 这个包很轻，旅行时很方便。 (42)
 J： 下一次会议在下下周开。 (44)
 K： 我让女儿学钢琴。 (48)

7. ［で］
 A：1） 30分钟能走到车站。 (32)
   2） 没有意见的话，就到这儿吧。 (35)
   3） 裤子的长度这样行吗？ (44)
 B：1） 对不起、请再大点儿声说。 (27)
   2） 最好不要带着现金去。 (32)
 C： 这件衣服是用纸做成的。 (37)
 D： 地震死了很多人。 (39)

8. ［と］
   1） 将来我想创建自己的公司。 (31)
   2） 那儿写着"止まれ"。 (33)

3）这个汉字念做"禁煙(きんえん)"。　　　　　　　　　　　　　　（33）

　　　4）请转告铃木先生我在会议室等他。　　　　　　　　　　　　（33）

9．［から］

　　　清酒是由稻米酿造的。　　　　　　　　　　　　　　　　　　　（37）

10．［か］

　　　1）男士穿黑色或藏兰色的西服去参加婚礼。　　　　　　　　　（34）

　　　2）第9号台风到不到东京还不清楚。　　　　　　　　　　　　（40）

　　　3）请给我查一下JL107航班什么时候到。　　　　　　　　　　（40）

11．［しか］

　　　我们公司只能休息一个星期。　　　　　　　　　　　　　　　　（27）

12．［とか］

　　　每天都跳跳舞或游游泳。　　　　　　　　　　　　　　　　　　（36）

# 活用形的用法

1. [ます形]

   | | | |
   |---|---|---|
   | **ます形**ながら ～ | 一边听音乐一边吃饭。 | （第28课） |
   | **ます形**やすいです | 这台计算机很好用。 | （44） |
   | **ます形**にくいです | 这个杯子很结实，不易碎。 | （44） |
   | お**ます形**に なります | 总经理已经回去了。 | （49） |
   | お**ます形** ください | 请稍等一下。 | （49） |
   | お**ます形**します | 给您寄去这个月的日程表。 | （50） |

2. [て形]

   | | | |
   |---|---|---|
   | **て形** います | 每天早晨都跑步。 | （28） |
   | | 窗户关着。 | （29） |
   | **て形** いません | 报告还没写。 | （31） |
   | **て形** しまいます | 把伞忘在电车上了。 | （29） |
   | **て形** あります | 派出所里贴着城区的地图。 | （30） |
   | **て形** おきます | 上课之前先预习。 | （30） |
   | **て形** みます | 试一下新鞋。 | （40） |
   | **て形** いただきます | 我请老师给我改了信上的错误。 | （41） |
   | **て形** くださいます | 部长的太太教我学习茶道。 | （41） |
   | **て形** やります | 我给儿子扎了架纸飞机。 | （41） |
   | **て形** いただけませんか | 您能给我介绍一位好老师吗？ | （26） |
   | **て形** きます | 我去买一下票。 | （43） |

3. [ない形]

   | | | |
   |---|---|---|
   | **ない形**ないで、～ | 我不坐公共汽车，步行到车站。 | （34） |
   | **ない形**なく なります | 海水被污染了，这附近已经不能游泳了。 | （36） |

4. ［字典形］
   字典形 な　　　　　　　　　　　不要在电车中喧哗。　　　　　　　　（33）
   字典形 ように なります　　　　终于会骑自行车了。　　　　　　　　（36）
   字典形 のは ～　　　　　　　　画画很愉快。　　　　　　　　　　　（38）
   字典形 のが ～　　　　　　　　我喜欢看星星。　　　　　　　　　　（38）
   字典形 のを ～　　　　　　　　我忘了带钱包来了。　　　　　　　　（38）
   字典形 ために、～　　　　　　为了能拥有自己的店铺，正在存钱。（42）
   字典形 のに ～　　　　　　　　这把剪刀是用于剪花的。　　　　　　（42）

5. ［た形］
   た形 あとで、～　　　　　　　吃完饭以后刷牙。　　　　　　　　　（34）
   た形 ばかりです　　　　　　　上个月刚进公司。　　　　　　　　　（46）

6. ［意向形］
   意向形 と おもって います　　将来我想创建自己的公司。　　　　　（31）

7. 字典形　　　　　　　　　　　下个月我打算买车。　　　　　　　　（31）
   ない形ない ｝つもりです　　　今年打算不回国了。　　　　　　　　（31）

   字典形　　　　　　　　　　　为了能早点到，寄了快件。　　　　　（36）
   ない形ない ｝ように、～　　　为了不忘记电话号码，把它记在笔记上。
   　　　　　　　　　　　　　　　　　　　　　　　　　　　　　　（36）

   字典形　　　　　　　　　　　我每天都记日记。　　　　　　　　　（36）
   ない形ない ｝ように します　　一定不要迟到。　　　　　　　　　（36）

8. 字典形　　　　　　　　　　　比赛刚要开始。　　　　　　　　　　（46）
   て形 いる ｝ところです　　　　现在正在调查原因。　　　　　　　　（46）
   た形　　　　　　　　　　　　公共汽车刚发车。　　　　　　　　　（46）

9. た形　　　　　　　　　　　　最好每天运动。　　　　　　　　　　（32）
   ない形ない ｝ほうが いいです　今天最好不要洗澡。　　　　　　　　（32）

10. て形　　　　　　　　　　　　带着伞出去。　　　　　　　　　　　（34）
    ない形ないで ｝～　　　　　　没有贴邮票就把信给寄出去了。　　　（34）

11. ［普通形］
    普通形 し、～　　　　　　　　地铁又快又便宜，坐地铁去吧。　　　（28）
    普通形 と いって いました　　米勒先生说下周要去大阪出差。　　　（33）
    普通形 そうです　　　　　　　根据天气预报，听说明天要变冷。　　（47）

| 动词普通形のを～ | | 你知道火车站前建成了一座大宾馆吗？ | （38） |

| 动词<br>い形容词<br>な形容词<br>名词 | 普通形<br>普通形<br>～だ | でしょう | 明天会下雪吧。<br>明天很冷吧。<br>今晚的星星挺漂亮吧。<br>明天是个好天气吧。 | （32）<br>（32）<br>（32）<br>（32） |

| 动词<br>い形容词<br>な形容词<br>名词 | 普通形<br>普通形<br>～だ | かも<br>しれません | 他也许要辞去公司的工作。<br>他明天也许挺忙的。<br>他下周也许有空。<br>他也许是生病了。 | （32）<br>（32）<br>（32）<br>（32） |

| 动词<br>い形容词<br>な形容词<br>名词 | 普通形<br>普通形<br>～だ | か、～ | 不知道会议几点结束。<br>请考虑一下送什么礼物好。<br>确认好紧急出口在哪儿。 | （40）<br>（40）<br>（40） |

| 动词<br>い形容词<br>な形容词<br>名词 | 普通形<br>普通形<br>～だ | かどうか、～ | 能否出席辞旧迎新会，请给予答复。<br>打电话问一下时间是否合适。<br>不知道那话是否是真的。 | （40）<br>（40）<br>（40） |

| 动词<br>い形容词<br>な形容词<br>名词 | 普通形<br>普通形<br>～だ→～な | んです | 为什么迟到了？<br>因为身体不舒服。<br>空调出故障了。 | （26）<br>（26）<br>（26） |

| 动词<br>い形容词<br>な形容词<br>名词 | 普通形<br>普通形<br>～だ→～な | ので、～ | 因为有事，先告辞了。<br>因为头疼，今天要早点睡。<br>今天是我生日，所以买了葡萄酒。 | （39）<br>（39）<br>（39） |

| 动词<br>い形容词<br>な形容词<br>名词 | 普通形<br>普通形<br>～だ→～な | のに、～ | 事先约好了，可她却没来。<br>工作很忙，可工资却很低。<br>我丈夫菜虽然做得很好，却很少做。 | （45）<br>（45）<br>（45） |

| | | | |
|---|---|---|---|
| 动词<br>い形容词 } 普通形<br>な形容词 普通形<br>名词　〜だ→〜な | }のは、〜 | 我来日本是去年的3月。<br>我现在最想要的是小泽征尔音乐会的CD。<br>最重要的是家人的健康。 | (38)<br>(38)<br>(38) |
| 动词<br>い形容词 } 普通形<br>な形容词　普通形<br>　　　　〜だ→〜な<br>名词普通形〜だ→〜の | }ようです | 隔壁房间好像有人。<br>部长好像不喜欢打高尔夫。<br>好像发生了事故。 | (47)<br>(47)<br>(47) |

12. 动词ます形<br>　　い形容词（〜い）} そうです<br>　　な形容词［な］

好像马上就要下雨了。　　(43)
这块蛋糕好像很好吃。　　(43)
他好像挺认真的。　　　　(43)

动词ます形<br>い形容词（〜い）} すぎます<br>な形容词［な］

昨晚喝酒喝多了。　　　　(44)
这个问题太难了。　　　　(44)
这个方法太复杂了。　　　(44)

13. 动词 { て形<br>　　　 ない形なくて<br>　い形容词　〜くて } 、〜<br>　な形容词で<br>　名词で

听到消息后吃了一惊。　　(39)
见不到家人，很寂寞。　　(39)
星期六时间不合适，不能去。(39)
故事很复杂，不是很明白。(39)

14. 动词字典形 } よていです<br>　 名词の

飞机预定9点到。　　　　(31)
会议定星期三开。　　　　(31)

15. 动词 { 字典形<br>　　　 た形 } とおりに、〜<br>　 名词の

请按我现在说的写。　　　(34)
请把你看到的，如实地说出来。(34)
请按照号码顺序按键。　　(34)

16. 动词 { 字典形<br>　　　 た形<br>　　　 ない形ない } ばあいは、〜<br>　 い形容词<br>　 な形容词な<br>　 名词の

信用卡遗失时，请速和制卡公司联系。(45)
复印机出现问题的时候，请打这个电话。(45)
需要收据的话，请告诉我。(45)

17. 动词 { 字典形<br>　　　 ない形ない } はずです<br>　 い形容词<br>　 な形容词な<br>　 名词の

行李应该明天到。　　　　(46)
科长的德语应该讲得不错。(46)
那家超市明天应该休息。　(46)

# 动词・形容词的各种用法

1. たかい（い形容词）→たかく（副词）

　　はやい　　　　今天是孩子的生日，所以要早点回去。　　　（第9课）
　　はやい　　　　为了早点学会游泳，每天都在练习。　　　　（36）
　　くわしい　　　详细说明操作方法。　　　　　　　　　　　（44）
　　おおきい　　　请把字再写大一点。　　　　　　　　　　　（44）

2. げんき［な］（な形容词）→げんきに（副词）

　　じょうず［な］　我想学好泡茶。　　　　　　　　　　　　（36）
　　たいせつ［な］　让我们节约用水吧。　　　　　　　　　　（44）
　　きれい［な］　　请把桌子上面收拾干净。　　　　　　　　（44）
　　ていねい［な］　对部长说话要更礼貌一些。　　　　　　　（44）
　　かんたん［な］　就预定日程简单说明一下。　　　　　　　（44）

3. おおきい（い形容词）　　→おおきく　なります。
　　げんき［な］（な形容词）→げんきに　なります。
　　かしゅ（名词）　　　　　→かしゅに　なります。

　　あつい　　　　今后会渐渐热起来。　　　　　　　　　　　（19）
　　じょうず［な］　日语进步了。　　　　　　　　　　　　　（19）
　　いしゃ　　　　想当医生。　　　　　　　　　　　　　　　（19）
　　10じ　　　　　到10点就出门吧。　　　　　　　　　　　（25）

4. おおきい（い形容词）　　→おおきく　します。
　　きれい［な］（な形容词）→きれいに　します。
　　はんぶん（名词）　　　　→はんぶんに　します。

　　みじかい　　　把裤子改短一点。　　　　　　　　　　　　（44）
　　ちいさい　　　请把这个图缩小一点。　　　　　　　　　　（44）
　　しずか［な］　　夜已经深了，能安静一点儿吗？　　　　　（44）
　　２ばい　　　　将水量增加到2倍。　　　　　　　　　　　（44）
　　ショート　　　想把头发剪短。　　　　　　　　　　　　　（44）

5. おおきい（い形容词）→おおきさ（名词）

　　ながい　　　　那座桥的长度是3,911米。　　　　　　　　（40）
　　たかい　　　　测量身高。　　　　　　　　　　　　　　　（40）
　　おもい　　　　这件行李重多少公斤啊？　　　　　　　　　（40）

**6.** やすみます（动词）→やすみ（名词）

  おわります    ·8月底去登富士山。        （20）
  はなします    昨天老师讲的话很有意思。     （21）
  かえります    回去时请顺便来一下。       （49）
  たのしみます   期待着暑假的旅行。        （35）
  もうしこみます  演讲大会的报名截止日期到明天。   （40）

**7.** はな（名词）を みます（动词）→［お］はなみ（名词）

  やまに のぼります 我想去爬山，有什么好的地方吗？   （35）
  かんを きります  罐头启子是用于开罐头的。     （42）

**8.** かきます（动词）→かきかた（名词）

  よみます     请告诉我这个汉字的读法。     （14）
  つかいます    请教给我筷子的用法。       （16）
  はいります    山田先生给我讲了泡澡的方法。    （24）
  します      讲解录像机的操作方法。      （44）

# 自动词和他动词

| 他动词<br>自动词 | 课 | て形 | 例句 |
|---|---|---|---|
| きります<br>きれます | 7<br>43 | きって<br>きれて | 请裁一下纸。<br>绳子快断了。 |
| あけます<br>あきます | 14<br>29 | あけて<br>あいて | 开门。<br>门开了。 |
| しめます<br>しまります | 14<br>29 | しめて<br>しまって | 请把门关上。<br>门关着。 |
| つけます<br>つきます | 14<br>29 | つけて<br>ついて | 把灯打开了。<br>灯不亮。 |
| けします<br>きえます | 14<br>29 | けして<br>きえて | 请把灯关了。<br>灯灭了。 |
| とめます<br>とまります | 14<br>29 | とめて<br>とまって | 能在这儿停车吗？<br>家门前停着车。 |
| はじめます<br>はじまります | 14<br>31 | はじめて<br>はじまって | 开始开会吧。<br>会议已经开始了吗？ |
| うります<br>うれます | 15<br>28 | うって<br>うれて | 超市里出售杂志。<br>这本杂志卖得很好。 |
| いれます<br>はいります | 16<br>13 | いれて<br>はいって | 请把啤酒放进冰箱。<br>冰箱里放着啤酒。 |
| だします<br>でます | 16<br>23 | だして<br>でて | 从口袋里拿出票。<br>一按这个按钮，票就会出来。 |
| なくします<br>なくなります | 17<br>43 | なくして<br>なくなって | 把钥匙弄丢了。<br>钥匙丢了。 |
| あつめます<br>あつまります | 18<br>47 | あつめて<br>あつまって | 收集了很多邮票。<br>邮票集了很多。 |
| なおします<br>なおります | 20<br>32 | なおして<br>なおって | 请人修理自行车。<br>病已经治好了。 |
| かえます<br>かわります | 23<br>35 | かえて<br>かわって | 变更晚会的时间。<br>晚会的时间变了。 |
| きを つけます<br>きが つきます | 23<br>34 | きを つけて<br>きが ついて | 留心不要出错。<br>事后发现到弄错了。 |

| 他动词<br>自动词 | 课 | て形 | 例句 |
|---|---|---|---|
| おとします<br>おちます | 29<br>43 | おとして<br>おちて | 把钱包弄丢了。<br>钱包掉了。 |
| とどけます<br>とどきます | 29<br>36 | とどけて<br>とどいて | 把文件送给部长。<br>文件送到了。 |
| ならべます<br>ならびます | 30<br>39 | ならべて<br>ならんで | 摆椅子。<br>人们排着队。 |
| かたづけます<br>かたづきます | 30<br>26 | かたづけて<br>かたづいて | 整理行李。<br>行李整理好了。 |
| もどします<br>もどります | 30<br>33 | もどして<br>もどって | 将剪刀放回抽屉。<br>部长马上就回来。 |
| みつけます<br>みつかります | 31<br>34 | みつけて<br>みつかって | 找工作很困难。<br>怎么也找不到工作。 |
| つづけます<br>つづきます | 31<br>32 | つづけて<br>つづいて | 继续开会。<br>会议还在继续。 |
| あげます<br>あがります | 33<br>43 | あげて<br>あがって | 明白的话请举手。<br>体温升高 |
| さげます<br>さがります | 33<br>43 | さげて<br>さがって | 降价出售。<br>价格下降了。 |
| おります<br>おれます | 34<br>29 | おって<br>おれて | 我折了根树枝。<br>树枝折断了。 |
| こわします<br>こわれます | 37<br>29 | こわして<br>こわれて | 孩子把表弄坏了。<br>那个表坏了。 |
| よごします<br>よごれます | 37<br>29 | よごして<br>よごれて | 孩子把衣服弄脏了。<br>衣服脏了。 |
| おこします<br>おきます | 37<br>4 | おこして<br>おきて | 把孩子叫醒。<br>孩子7点起床。 |
| かけます<br>かかります | 38<br>29 | かけて<br>かかって | 锁上门。<br>门锁着。 |
| やきます<br>やけます | 46<br>39 | やいて<br>やけて | 烤面包。<br>面包烤好了。 |

# 副词・副词性词汇的用法

1. さっき　　　　　　　刚才府上给您来电话了。　　　　　　　　　　　　（第34课）
   たったいま　　　　　刚起床。　　　　　　　　　　　　　　　　　　（46）
   いつか　　　　　　　将来想自己建房子。　　　　　　　　　　　　　（27）
   このごろ　　　　　　渡边小姐最近回去得挺早的。　　　　　　　　　（36）
   しばらく　　　　　　犯困的时候，把车停下睡一会儿。　　　　　　　（28）
   ずっと　　　　　　　打算一直住在日本。　　　　　　　　　　　　　（31）
   いつでも　　　　　　任何时候都可以参观NHK。　　　　　　　　　　（26）
   たいてい　　　　　　休息的日子一般是画画儿。　　　　　　　　　　（28）
   たまに　　　　　　　不怎么看电影，有时从电视上看看旧片子。　　　（49）

2. さきに　　　　　　　先吃甜点心，然后喝茶。　　　　　　　　　　　（34）
   さいしょに　　　　　最先介绍田中老师。　　　　　　　　　　　　　（50）
   さいごに　　　　　　最后离开房间的人请关灯。　　　　　　　　　　（50）

3. きちんと　　　　　　书排列得很整齐。　　　　　　　　　　　　　　（38）
   ちゃんと　　　　　　认真地吃药了，但感冒却没治好。　　　　　　　（45）
   ぴったり　　　　　　这双鞋很合脚。　　　　　　　　　　　　　　　（43）
   はっきり　　　　　　听不清楚，请再大点儿声。　　　　　　　　　　（27）
   いっしょうけんめい　为了能拥有自己的店铺，拼命地工作。　　　　　（42）
   じゆうに　　　　　　老师让学生自由发表意见。　　　　　　　　　　（48）
   ちょくせつ　　　　　这件事儿是从老师那儿直接听说的。　　　　　　（26）
   きゅうに　　　　　　听说他突然有急事，来不了了。　　　　　　　　（45）

4. ずいぶん　　　　　　真热闹啊！　　　　　　　　　　　　　　　　　（26）
   かなり　　　　　　　电视新闻能看懂很多。　　　　　　　　　　　　（36）
   もっと　　　　　　　请尽量多吃蔬菜。　　　　　　　　　　　　　　（36）
   できるだけ　　　　　我尽量不吃甜的东西。　　　　　　　　　　　　（36）
   ちっとも　　　　　　我一点也不知道小川先生的儿子考上了樱花大学。（49）
   ほとんど　　　　　　他写的书我几乎都读过了。　　　　　　　　　　（27）
   　　　　　　　　　　昨天的考试我几乎都不会。　　　　　　　　　　（27）
   あんなに　　　　　　那么刻苦学习，一定会考上的。　　　　　　　　（32）

5. かならず　　　　　　　请假的时候，一定要跟我联系。　　　　　　　(36)
　 ぜったいに　　　　　　请一定不要迟到。　　　　　　　　　　　　(36)
　 たしか　　　　　　　　他的生日的确是2月15日。　　　　　　　　(29)
　 もしかしたら　　　　　也许3月份毕不了业。　　　　　　　　　　(32)
　 いまにも　　　　　　　好像马上就要下雨了。　　　　　　　　　　(43)
　 ちょうど　　　　　　　正好比赛现在就要开始。　　　　　　　　　(46)
　 どうも　　　　　　　　好像发生了事故。　　　　　　　　　　　　(47)
　 まだ　　　　　　　　　会议室还用着。　　　　　　　　　　　　　(30)
　 もう　　　　　　　　　不行了。跑不动了。　　　　　　　　　　　(33)
　 やっと　　　　　　　　终于会骑自行车了。　　　　　　　　　　　(36)

# 各种接续

| | | |
|---|---|---|
| 1. 〜ながら | 边让看相片边说明。 | （第28课） |
| 〜し | 价钱便宜味道又好，我经常在这家店吃。 | (28) |
| それに | 瓦特老师很热心又认真，而且有经验。 | (28) |
| そのうえ | 他的年龄、收入、兴趣都很符合我的希望。 | |
| | 而且，姓也一样。 | (43) |
| | | |
| 2. それで | 这个商店很干净，又能吃饭……。 | |
| | …因此人挺多的。 | (28) |
| 〜て | 听到消息后吃了一惊。 | (39) |
| 〜くて | 礼拜六我有点事，去不了。 | (39) |
| 〜で | 那部电影情节复杂，不是很明白。 | (39) |
| | 因为事故，公共汽车晚点了。 | (39) |
| 〜ので | 我有事，先告辞了。 | (39) |
| | 今天是我的生日，所以买了葡萄酒。 | (39) |
| | | |
| 3. 〜のに | 事先约好了，可她却没来。 | (45) |
| | 虽然是休息日，却还得工作。 | (45) |
| | | |
| 4. 〜ば | 到了春天，樱花就开了。 | (35) |
| | 天气好的时候，能看见对面的岛屿。 | (35) |
| 〜なら | 温泉的话，白马（的温泉）不错。 | (35) |
| 〜ばあいは | 请假的时候，请电话联系。 | (45) |
| | 车票遗失的时候，请跟车站工作人员说一下。 | (45) |
| | 需要收据的时候，请和这儿联系。 | (45) |
| | | |
| 5. では | 那么，我这就告辞了。 | (45) |
| | | |
| 6. ところで | 汉斯的成绩挺不错的。 | |
| | …是吗，谢谢。 | |
| | 另外，马上就要开运动会了，他父亲也会来吗？ | (40) |

大家的日语2

# 文字材料·参考答案

# 目<sub>もくじ</sub>次

　　　　　　　　　　　　　　　　　　　　　　　　　　　　　　ページ

第26課 ……………………………………………………………… 1
第27課 ……………………………………………………………… 3
第28課 ……………………………………………………………… 5
第29課 ……………………………………………………………… 7
第30課 ……………………………………………………………… 9
第31課 ……………………………………………………………… 11
第32課 ……………………………………………………………… 13
第33課 ……………………………………………………………… 15
第34課 ……………………………………………………………… 17
第35課 ……………………………………………………………… 19
第36課 ……………………………………………………………… 21
第37課 ……………………………………………………………… 23
第38課 ……………………………………………………………… 25
第39課 ……………………………………………………………… 27
第40課 ……………………………………………………………… 29
第41課 ……………………………………………………………… 31
第42課 ……………………………………………………………… 33
第43課 ……………………………………………………………… 35
第44課 ……………………………………………………………… 37
第45課 ……………………………………………………………… 39
第46課 ……………………………………………………………… 41
第47課 ……………………………………………………………… 43
第48課 ……………………………………………………………… 45
第49課 ……………………………………………………………… 47
第50課 ……………………………………………………………… 49
復習 F ……………………………………………………………… 51
復習 G ……………………………………………………………… 52
復習 H ……………………………………………………………… 53
復習 I ……………………………………………………………… 54
復習 J ……………………………………………………………… 55
復習 K ……………………………………………………………… 56

# 第26課

1. 1) よく勉強しますね。勉強が好きなんですか。
   …例： はい、好きです。
   2) 日本語が、上手ですね。だれに習ったんですか。
   …例： 一人で勉強しました。
   3) どうして日本語を勉強しているんですか。
   …例： 日本の大学に入りたいんです。
   4) あなたの国を旅行したいんですが、どこを見たらいいですか。
   …例： 万里の長城がいいと思います。
   5) あなたの国でお土産を買いたいんですが、いいお土産を教えていただけませんか。
   …例： お菓子がいいと思います。

2. 1) 女： ミラーさん、お帰りなさい。旅行はどうでしたか。
      男： 楽しかったです。
      女： おもしろい帽子ですね。メキシコで買ったんですか。
      男： ええ。メキシコのダンスを見に行ったとき、買いました。
      ★ ミラーさんはメキシコで帽子を買いました。  （〇）

   2) 男： 今晩カラオケに行きませんか。
      女： すみません。行きたいんですが、今晩はちょっと……。
      ★ 女の人は今晩カラオケに行きます。  （×）

   3) 女1： すみません。あしたうちでパーティーをするんですが、
           ちょっと手伝っていただけませんか。
      女2： ええ、いいですよ。
           何時ごろ行ったらいいですか。
      女1： 6時から始めますから、4時ごろお願いします。
      女2： わかりました。
      ★ あした4時からパーティーがあります。  （×）

   4) 女： 歌舞伎のチケットを買いたいんですが、どこで買ったら
          いいですか。

　　　　男：プレイガイドで売っていると思いますよ。
　　　　女：プレイガイドはどこにありますか。
　　　　男：東京デパートの1階にあります。
　　　　★　東京デパートの1階で歌舞伎のチケットを買うことが
　　　　　　できます。　　　　　　　　　　　　　　　　　　（○）

　　5）男：きのうのお花見、どうだった？
　　　　女：楽しかったわよ。
　　　　　　どうして来なかったの？
　　　　男：ちょっと用事があったんだ。
　　　　女：そう。
　　　　★　女の人はきのうのお花見に行きませんでした。　　（×）

3．1）あったんです　　2）ないんです　　3）生まれたんです
　　4）好きなんです

4．1）どこで買ったんですか　　2）何歳になったんですか
　　3）いつ帰るんですか　　　　4）何人ぐらい来るんですか

5．1）例：嫌いなんです
　　2）例：目にごみが入ったんです
　　3）例：時間がないんです
　　4）例：あまり好きじゃないんです（下手なんです）

6．1）手伝っていただけませんか　　2）教えていただけませんか
　　3）申し込んだらいいですか　　　4）したらいいですか

7．1）○　　2）×

-2-

# 第27課

1. 1) 人に初めて会ったとき、すぐ名前が覚えられますか。
   …例： いいえ、なかなか覚えられません。
   2) ひらがなや漢字が読めますか。
   …例： ひらがなとかたかなは読めますが、漢字は読めません。
   3) あなたの部屋の窓から山が見えますか。
   …例： いいえ、見えません。
   4) あなたの町でいちばん高い建物は何ですか。いつできましたか。
   …例： 市役所です。130年まえにできました。
   5) 日本には季節が4つあります。あなたの国にも季節が4つありますか。
   …例： いいえ、わたしの国には季節が2つしかありません。

2. 1) 男： あのう、このカード、使えますか。
      女： すみません。現金でお願いします。
      男： そうですか。じゃ、これで。
      女： はい、600円のお釣りです。ありがとうございました。
      ★ この店はカードが使えません。　　　　　　　　　　（○）

   2) 男： どんな外国語を勉強しましたか。
      女： 英語と中国語を勉強しました。
          でも、英語は話せますが、中国語はあまり話せないんです。
      男： そうですか。
      ★ 女の人は中国語が全然できません。　　　　　　　　（×）

   3) 男： これがことしの新しい製品の…
      女： すみません。よく聞こえないんですが、もう少し大きい声で
          お願いします。
      男： はい、わかりました。
      ★ 今から男の人は大きい声で話します。　　　　　　　（○）

   4) 男： あそこにおもしろいデザインのビルが見えるでしょう？
          あれは東京でいちばん新しい美術館です。
      女： いつできたんですか。

男：去年の6月にできました。
女：そうですか。
★ 美術館は去年できました。　　　　　　　　　　　　（○）

5) 女：今度うちでパーティーをするんだけど……。
男：じゃ、僕がサンドイッチ、作ってあげるよ。
女：サンドイッチ？ありがとう。
男：ケーキも作れるよ。
女：ケーキはミラーさんが持って来てくれるから…。
★ 男の人はサンドイッチとケーキを作ります。　　　（×）

3. 1) 書けます／書ける　　2) 泳げます／泳げる　　3) 話せます／話せる
4) 勝てます／勝てる　　5) 飲めます／飲める　　6) 帰れます／帰れる
7) 呼べます／呼べる　　8) 買えます／買える
9) 食べられます／食べられる　　10) 寝られます／寝られる
11) 降りられます／降りられる　　12) 来られます／来られる
13) できます／できる

4. 1) パソコンが使えます　　2) カードで払えます
3) 日本人の名前がすぐ覚えられません
4) 長い休みが取れませんでした

5. 1) いいえ、テニスしかしません　　2) いいえ、日曜日しか休めません
3) いいえ、少ししか寝られませんでした
4) いいえ、ワット先生しか知りません

6. 1) 犬は好きですが、猫は好きじゃありません
2) ビールは飲めますが、ワインは飲めません
3) 姉には話しましたが、両親には話しませんでした
4) 7月と8月は登れますが、9月から6月までは登れません

7. 1) から／が　　2) は／は　　3) に／が　　4) も

8. 1) ×　　2) ○　　3) ×　　4) ○

# 第28課

1. 1) ピアノを弾きながら歌えますか。
　　…例： はい、歌えます。
　2) 暇なときは、いつも何をしていますか。
　　…例： 本を読んだり、ビデオを見たりしています。
　3) 子どものとき、毎日学校が終わってから、何をしていましたか。
　　…例： サッカーをしていました。
　4) 東京は人も多いし、いろいろな店もあるし、にぎやかです。
　　　あなたが住んでいる町はどうですか。
　　…例： わたしの町は小さいし、人も少ないし、静かです。

2. 1) 女： 先生、太郎は学校でどうですか。
　　　男： 太郎君は元気だし、親切だし、友達はみんな太郎君が好きですよ。
　　　女： そうですか。
　　　★ 太郎君は人気がありません。　　　　　　　　　　　（×）

　2) 女： 山田さんの奥さんは働いているんですか。
　　　男： ええ、働いています。
　　　女： じゃ、山田さんも料理や洗濯をしますか。
　　　男： ええ、時々しますよ。
　　　★ 山田さんも時々晩ごはんを作っています。　　　　　（○）

　3) 女： ミラーさんが生まれた所はどこですか。
　　　男： ニューヨークの近くです。小さい町ですが、海が近いですから、
　　　　　景色もいいし、魚もおいしいです。
　　　★ ミラーさんは海の近くの町で生まれました。　　　　（○）

　4) 女： ミラーさん、毎朝早いですね。
　　　男： ええ、朝早く出ると、電車で座れるし……。それに会社で
　　　　　コーヒーを飲みながら新聞が読めますから。
　　　★ ミラーさんは朝うちで新聞を読みます。　　　　　　（×）

　5) 女： あの人だれ？

男： どの人?
女： あそこでテレビを見ながらごはん食べている人。
男： ああ、グプタさんだよ。インドから来たんだ。
★　グプタさんは今テレビを見ています。　　　　　　　（ ○ ）

3. 1) コーヒーを飲みながら新聞を読みます
   2) テレビを見ながらごはんを食べます
   3) 音楽を聞きながら勉強します
   4) 歌いながら踊ります

4. 1) 買っています／行きました　　2) 歩いています／乗りました
   3) ジョギングしています／泳ぎます（泳いでいます）
   4) 食べています／飲みませんでした

5. 1) 軽い／簡単だ　　2) 広い／静かだ　　3) 頭がいい／優しい

6. 1) b　　2) c　　3) a

7. 1) ○　　2) ×　　3) ×　　4) ○

# 第 29 課

1. 1) 今財布にいくらお金が入っていますか。
　　　…例： 2万円ぐらい入っています。
　 2) 今着ている服にポケットが付いていますか。
　　　…例： いいえ、付いていません。
　 3) 土曜日銀行は開いていますか。
　　　…例： いいえ、閉まっています。
　 4) 日曜日デパートは込んでいますか。
　　　…例： はい、込んでいると思います。
　 5) 電車に忘れ物をしてしまったら、どうしますか。
　　　…例： 駅に電話します。

2. 1) 男： 寒いですね。
　　　女： あ、窓が少し開いていますよ。
　　　男： あ、そうですね。閉めましょうか。
　　　女： ええ、お願いします。
　　　★　部屋の窓は開いていました。　　　　　　　　　（ ○ ）

　 2) 女： いつも早いですね。
　　　男： ええ、電車がすいている時間に来るんです。吉田さんも早いですね。
　　　女： わたしは車で来るんです。遅くなると、道が込みますから。
　　　★　男の人が乗る電車は込んでいます。　　　　　　（ × ）

　 3) 男： すみません。ファクスを使ってもいいですか。
　　　女： ここのファクス、今壊れているんです。すみませんが、2階のを使ってください。
　　　男： はい、わかりました。
　　　★　2階のファクスは今故障しています。　　　　　（ × ）

　 4) 女： あのう、すみません。きのうこちらに傘を忘れてしまったんですが。
　　　男： 傘ですか。
　　　女： ええ、赤い傘です。あのテーブルの横に置いたんですが。
　　　男： ああ。ちょっと待ってください。……これですか。

女： あ、それです。どうもすみません。
★ 女の人は忘れた傘を取りに来ました。　　　　　　（○）

5) 女： 吉田さん、ちょっと来週の出張について話したいんだけど。
男： あのう、これをコピーしてしまいたいんですが。すぐ終わりますから。
女： いいですよ。じゃ、終わったら、言ってください。
★ 男の人は今コピーをしています。　　　　　　　　（○）

3. 1) ガラスが割れています　　2) 袋が破れています
   3) 木の枝が折れています　　4) うちの前に車が止まっています

4. 1) 消えて　2) ついて　3) 込んで　4) 付いて

5. 1) 入って　2) 壊れて（故障して）　3) 汚れて
   4) すいて

6. 1) やって（して）　2) 飲んで　3) 読んで　4) 書いて

7. 1) 遅れて　2) まちがえて　3) 破れて　4) 忘れて

8. 1) ×　2) ○　3) ×　4) ○

— 8 —

# 第30課

1. 1) 机の上に何が置いてありますか。
   …例： 時計が置いてあります。
   2) パスポートはどこにしまってありますか。
   …例： 机の引き出しにしまってあります。
   3) あなたの部屋の壁に何か掛けてありますか。
   …例： はい、カレンダーが掛けてあります。
   4) パーティーのまえに、どんな準備をしておきますか。
   …例： 料理を作ったり、音楽のテープを準備したりしておきます。
   5) 外国へ行くまえに、どんなことをしておいたらいいですか。
   …例： ことばや習慣を勉強しておいたらいいと思います。

2. 1) 女： この傘、だれのですか。
      男： 忘れ物ですね。名前が書いてありませんか。
      女： ああ、ここに書いてあります。佐藤さんのです。
      ★ 傘に佐藤さんの名前が書いてあります。　　　　　（○）

   2) 女： セロテープはどこですか。
      男： あの引き出しにありませんか。
      女： ええ、ないんです。
      男： あっ、ここにあります。すみません。
      ★ セロテープは引き出しに入れてあります。　　　　（×）

   3) 男： 木曜の夜の予定は？
      女： パワー電気の森部長とお食事です。
         大阪ホテルのレストランを予約しておきました。
      男： そう。ありがとう。
      ★ 男の人は木曜の夜大阪ホテルで食事します。　　　（○）

   4) 男： 田中さん、わたしがしますから、もう帰ってもいいですよ。
      女： はい。この資料、しまっておきましょうか。
      男： まだ使いますから、出しておいてください。
      女： そうですか。じゃ、失礼します。

　　　　　★　女の人は資料をしまいます。　　　　　　　　（ ✗ ）

5)　女：おいしいケーキがあるから、お茶でも飲まない？
　　男：えっ、冷蔵庫にあったケーキ？
　　　　あれ、もう食べてしまったけど。
　　女：えっ！
　　★　これから冷蔵庫に入れておいたケーキを食べます。　（ ✗ ）

3. 1)　花が置いてあります
　 2)　［日本の］地図がはってあります
　 3)　壁に掛けてあります
　 4)　部屋の隅に置いてあります

4. 1) 買って　2) コピーして　3) 払って　4) 予約して

5. 1) 予習して　2) 読んで　3) 見て　4) 片づけて

6. 1) しておいてください　　2) 置いて（出して）おいてください
　 3) 開けておいてください　4) つけておいてください

7. 1) います　2) ありませんでした　3) おいて　4) あります

8. 1) ✗　2) ○　3) ✗

# 第 31 課

1. 1) 「みんなの日本語」が終わってからも日本語の勉強を続けますか。
   …例： はい、続けるつもりです。
   2) 今度の日曜日は何をしますか。
   …例： 買い物に行こうと思っています。
   3) 32課はもう勉強しましたか。
   …例： いいえ、まだ勉強していません。
   4) あしたは何か予定がありますか。
   …例： はい、10時から会議の予定です。

2. 1) 女： シュミットさん、連休はどこか行くんですか。
      男： いいえ。息子と近くの川で釣りをしようと思っています。渡辺さんは？
      女： わたしもうちにいるつもりです。連休は人も多いし、道も込んでいますからね。
      ★ 女の人は連休はどこも行きません。　　　　　　　　　（○）

   2) 女： パクさん、大学の入学試験はどうでしたか。
      男： 難しかったです。ほとんど書けませんでした。
      女： そうですか。
      男： でも、来年もう一度受けようと思っているんです。
      女： そうですか。来年はきっと大丈夫ですよ。
      ★ 男の人は来年も入学試験を受けます。　　　　　　　　（○）

   3) 女： タワポンさん、レポートはもうまとめましたか。
      男： いいえ、まだなんです。
      女： あさってまでですよ。急がないと……。
      男： はい。今晩書くつもりです。
      ★ タワポンさんはまだレポートをまとめていません。　　（○）

   4) 男： 田中さん、来週さくら大学へ行きますか。
      女： ええ、水曜日に行く予定です。

男： じゃ、すみませんが、ワット先生にこの本を返していただけませんか。
女： いいですよ。
★ 田中さんは来週ワット先生に会います。　（○）

5)　女： サッカーの試合は何時から？
　　男： 7時から。まだ時間があるから、どこかで食事しない？
　　女： わたし、ちょっと買い物したいんだけど……。
　　男： いいよ。じゃ、試合が終わってから、食べよう。
　　★ 二人はこれからすぐサッカーの試合を見に行きます。（×）

3. 1) 急ごう　2) 踊ろう　3) 探そう　4) 待とう
　　5) 寝よう　6) 続けよう　7) 決めよう　8) 休憩しよう
　　9) 来よう

4. 1) 買おう　2) 予約しよう　3) 建てよう　4) 行こう

5. 1) 手伝ってもらうつもりです　　2) 帰らないつもりです
　　3) 出かけるつもりです　　　　　4) 持って行かないつもりです

6. 1) 7日（来週の月曜日）の予定です
　　2) はい、広島へ出張の予定です
　　3) 3日（木曜日）に会う予定です　　4) 上野公園へ行く予定です

7. 1) 東京に住んでいます。
　　2) 映画館もないし、レストランもないからです。
　　3) 都会の子どもたちが自由に遊べる「山の学校」を作ろうと思っています。
　　4) 美しい自然です。

# 第 32 課

1. 1) 日本語を勉強するとき、試験があったほうがいいと思いますか、ないほうがいいと思いますか。
   …例： あったほうがいいと思います。

   2) かぜをひいたんですが、薬を飲んだほうがいいですか。
   …例： いいえ、かぜの薬は飲まないほうがいいです。

   3) あなたの国では、これから日本語を勉強する人は多くなるでしょうか、少なくなるでしょうか。
   …例： 多くなるでしょう。

2. 1) 女： 田中さん、きょうは英語教室ですね。
      男： そうなんですが、実はきのうの晩から少し熱があるんです。
      女： じゃ、早く帰って、ゆっくり休んだほうがいいですね。
      男： ええ、そうします。
      ★ 田中さんは英語教室に行きません。　　　　　（ ○ ）

   2) 女： 土曜日からイタリアへ旅行に行くんです。
      男： へえ、いいですね。
      女： でも、外国は初めてですから、ちょっと心配なんです。
      男： 大丈夫ですよ。でも、お金は現金で持って行かないほうがいいですよ。
      女： わかりました。
      ★ イタリアへ行くとき、現金でお金を持って行っても、大丈夫です。
      　　　　　　　　　　　　　　　　　　　　　　（ × ）

   3) 女： きのう大学の入学試験を受けました。
      男： どうでしたか。
      女： あまり難しくなかったです。
      男： じゃ、きっと大丈夫でしょう。
      ★ 男の人は女の人が試験に失敗したと思っています。（ × ）

   4) 男： あのう、すみません。ミラーさんは、今どちらですか。
      女： たぶん食堂でしょう。

— 13 —

男： じゃ、1時ごろまた来ます。
女： はい、ミラーさんにそう言っておきます。
★ 男の人はミラーさんに会えませんでした。　　　　　（ ○ ）

5) 女1： バス、なかなか来ないわね。もう6時半よ。
女2： そうね。コンサートに間に合わないかもしれないわ。
女1： ねえ、タクシーで行かない？
女2： そうね。そうしよう。
★ バスが来ませんから、2人はタクシーで行きます。　（ ○ ）

3. 1) しない　2) 予約した　3) 食べない（飲まない）
 4) 寝た

4. 1) 話せる　2) 無理　3) 辛くない
 4) ゴルフじゃない（ゴルフではない）

5. 1) 間に合わない　2) 見えない　3) 難しい　4) 大変

6. 1) まじめだ　2) なる　3) 会議室
 4) 残業しなければならない

7. 1) ○　2) ○　3) ×　4) ×

# 第 33 課

1. 1) 1) に書いてある字は何と読みますか。
　　　…「みんなのにほんご」と読みます。
　2) 禁煙はどういう意味ですか。
　　　…例：たばこを吸うなという意味です。

2. 1) 男：すみません。あれは何と読むんですか。
　　　女：「使用禁止」です。
　　　男：どういう意味ですか。
　　　女：使うなという意味です。
　　　★　使用禁止は使ってはいけないという意味です。　　　　　（○）

　2) 女：どうしたんですか。
　　　男：コピー機が動かないんです。
　　　女：あ、ここに「故障」と書いてありますよ。
　　　男：そうですか。
　　　★　コピー機は今使えません。　　　　　　　　　　　　　　（○）

　3) 男：もしもし、田中ですが、ミラーさんはいますか。
　　　女：今出かけていますが、3時ごろ戻ると言っていました。
　　　男：じゃ、3時半ごろまたかけます。
　　　女：すみません。
　　　★　ミラーさんは3時ごろ戻るでしょう。　　　　　　　　　（○）

　4) 男：グプタさんはいますか。
　　　女：今ちょっと席を外していますが。
　　　男：じゃ、すみませんが、グプタさんにパーティーは駅の前の
　　　　　「つるや」ですると伝えていただけませんか。
　　　女：「つるや」ですね。わかりました。
　　　★　女の人はグプタさんにパーティーの場所を伝えます。（○）

　5) 男1：頑張れ！山田。投げろ！あーあ。

男2： すみません。
男1： 大丈夫。大丈夫。次の試合で頑張ろう。
男2： はい。次の試合はきっと勝ちます。
★ 山田君は今の試合で失敗しましたが、次の試合で頑張ります。
　　　　　　　　　　　　　　　　　　　　　　　　　（ ○ ）

3. 1) 急げ／急ぐな　　2) 立て／立つな　　3) 出せ／出すな
　 4) 止めろ／止めるな　5) 忘れろ／忘れるな　6) 来い／来るな
　 7) 運転しろ／運転するな

4. 1) まっすぐ行け　2) 気をつけろ（注意しろ）
　 3) 写真を撮るな

5. 1) 払わなくてもいい
　 2) 壊れている（故障している、故障だ、使えない）
　 3) たばこを吸うことができる（たばこを吸ってもいい）

6. 1) 木村さん／きょうは柔道の練習がない
　 2) 渡辺さん／この本はとても役に立った
　 3) 田中さん／展覧会は4日から1週間の予定だ

7. 1) ○　2) ○　3) ×

# 第34課

1. 1) これからわたしが言うとおりに、書いてください。いろはにほへと。
   …いろはにほへと
   2) 毎晩食事が終わったあとで、何をしていますか。
   …例： テレビを見ています。
   3) あなたの国ではお葬式にどんな服を着て行きますか。
   …例： 黒い服を着て行きます。
   4) 夜寝ないで、勉強したことがありますか。
   …例： いいえ、ありません。

2. 1) 女： すみません。新幹線の乗り場はどちらですか。
      男： あの矢印のとおりに行ってください。
      女： わかりました。ありがとうございました。
      ★ 矢印のとおりに行くと、新幹線の乗り場へ行けます。（〇）

   2) 男： このケーキ、味はどうですか。
      女： うーん。
      男： おいしくないですか。本のとおりに作ったんですけど。
      女： 砂糖を入れましたか。
      男： あっ、忘れました。
      ★ 男の人はケーキの作り方をまちがえました。（〇）

   3) 女： ミラーさん、お薬です。
      男： はい。
      女： この白い薬は1日に3回食事のあとで、飲んでください。
      それから、この赤いのは寝るまえに、飲んでください。
      男： はい、わかりました。
      ★ ミラーさんは毎日食事をしてから、赤い薬を飲みます。
      （×）

   4) 女： すみません。会議室の準備を手伝ってくれませんか。
      男： 今、会議の資料をまとめているんですが……。
      女： じゃ、それが終わったら、お願いします。

　　　　男：はい、わかりました。
　　　　★　男の人は資料をまとめたあとで、会議室の準備をします。
　　　　　　　　　　　　　　　　　　　　　　　　　　　　（○）

　5)　女：どうしたの？
　　　　男：かぜをひいてしまったんだ。きのうの晩、窓、閉めないで寝たから。
　　　　女：そう。涼しくなったから、気をつけないと。
　　　　男：うん。
　　　　★　きのうの晩男の人の部屋の窓は開いていました。　（○）

3. 1) 書いた／書いてください　　2) 言う／言ってください
　 3) 線の／切ってください　　　4) 番号の／押してください

4. 1) 食事をした／コンサートに行きました
　 2) 日本へ来て／日本語を習いました
　 3) 仕事の（仕事をした）／ビールを飲みました
　 4) 寝る／手紙を書きました

5. 1) どこも行かないで、うちで本を読みます
　 2) 国へ帰らないで、北海道を旅行します
　 3) 何も買わないで、すぐ帰りました
　 4) 出かけないで、レポートをまとめました

6. 1) 持たないで　2) 話しながら　3) して　4) 押しても

7. （5）（1）（4）（2）（3）

# 第35課

1. 1) どうすれば、漢字が覚えられますか。
   …例： 何回も書けば、覚えられます。
   2) 安ければ、車を買いますか。
   …例： いいえ、安くても、買いません。
   3) 初めて人に会ったとき、何と言えばいいですか。
   …例： 「初めまして」と言えばいいです。
   4) パソコンを買いたいんですが、どこのがいいですか。
   …例： パソコンなら、パワー電気のがいいです。

2. 1) 男： 相撲のチケットを買いたいんですが、どうすればいいですか。
      女： 相撲のことなら、山田さんがよく知っていますから、山田さんに聞いてください。
      ★ 山田さんに聞けば、相撲のチケットの買い方がわかります。　（○）

   2) 女： どうしたんですか。
      男： タクシーにかばんを忘れたんです。困ったなあ。
      女： タクシーの会社に電話すれば、すぐわかると思いますよ。
      男： うーん、タクシー会社の名前を覚えていないんです。
      ★ 男の人はすぐタクシーの会社に電話をかけます。　（×）

   3) 男： ここはいい所ですね。雪の景色もいいし、温泉もあるし。
      女： ええ。冬もいいですが、春になれば、桜が咲いて、もっときれいですよ。
      男： じゃ、春にもう一度来たいですね。
      ★ ここは冬より春がいいです。　（○）

   4) 男： 肉料理と魚料理とどちらがいいですか。
      女： そうですね。魚がいいですね。
      男： 魚なら、ワインは白がいいですね。
      女： ええ。白ワインをお願いします。

★ 女の人は白のワインを飲みながら、魚料理を食べます。
（ ○ ）

5) 男：このうちはちょっと駅から遠いね。
   女：それで安いのよ。
   男：そうだね。家賃は駅に近ければ近いほど高くなるからね。
★ このうちは駅から遠いですから、安いです。 （ ○ ）

3. 1) 飲めば／飲まなければ　2) 急げば／急がなければ
   3) 待てば／待たなければ　4) 買えば／買わなければ
   5) 話せば／話さなければ　6) 食べれば／食べなければ
   7) 降りれば／降りなければ　8) 来れば／来なければ
   9) すれば／しなければ　10) おもしろければ　11) 安ければ
   12) にぎやかなら　13) 病気なら

4. 1) なれば　2) 急げば　3) なければ　4) 閉めなければ
   5) 安ければ　6) よければ　7) 暇なら　8) 新幹線なら

5. 1) タクシーなら／b　2) 5千円ぐらいなら／d
   3) 30分ぐらいなら／c

6. 1) 申し込めば　2) 行けば　3) 言えば

7. 1) 勉強すれば／勉強する　2) 早ければ／早い
   3) 新しければ／新しい

8. 1) ○　2) ×

# 第36課

1. 1) 病気にならないように、何か気をつけていますか。
   …例： はい、運動するようにしています。
   2) 漢字が読めるようになりましたか。
   …例： はい、少し読めるようになりました。
   3) 日本語のニュースがわかるようになりましたか。
   …例： いいえ、まだあまりわかりません。
   4) 夜コーヒーを飲むと、寝られなくなりますか。
   …例： いいえ、寝られます。

2. 1) 男： 電子辞書、いつも持っているんですか。
   女： ええ。わからないことばがすぐ調べられますから。
   男： ちょっと見せてください。ふうん、軽いんですね。
   女： ええ、どこでも持って行けるし、便利ですよ。
   ★ 女の人はわからないことばがすぐ調べられるように、いつも電子辞書を持っています。　　　　　　　　　　　　　（○）

   2) 男： かぜをひいたんですか。
   女： ええ。気をつけていたんですが。
   男： うちへ帰ったら、まず手を洗うようにすると、かぜをひきませんよ。
   女： え、そうですか。じゃ、これからそうします。
   ★ これから女の人はかぜをひいたとき、手を洗うようにします。
   　　　　　　　　　　　　　　　　　　　　　　　　　（×）

   3) 女： 東京の生活には慣れましたか。
   男： ええ。
   女： 食事は外でするんですか。
   男： いいえ、朝と晩は自分で作っています。やっとおいしい物が作れるようになりました。
   ★ 男の人は料理ができません。　　　　　　　　　　　（×）

   4) 男： このごろ人の名前がなかなか思い出せなくなりました。

— 21 —

　　　　女：わたしは物を置いた所をすぐ忘れてしまうんです。
　　　　男：年は取りたくないですねえ。
　　　　女：そうですね。
　　　★ 男の人はこのごろ人の名前がすぐ思い出せません。　（○）

　5)　男：おはよう。きょうは遅いね。
　　　　女：朝起きられなかったの。
　　　　男：この時間は電車、込んでるでしょう？
　　　　女：うん、すごいラッシュ。いつもは早い電車で来るように
　　　　　　してるんだけど。
　　　★ 女の人はいつもラッシュの電車で来ます。　　　　　（×）

3. 1) 泳げる　2) 治る　3) ならない　4) 忘れない

4. 1) ショパンの曲が弾ける／弾けるようになりました
　 2) 日本語の新聞が読める／読めるようになりました
　 3) パソコンで図がかける／かけません
　 4) 料理ができる／できません（作れません）

5. 1) 見えなく　2) 着られなく　3) 出られなく　4) 読めなく

6. 1) 磨く　2) 無理をしない　3) 貯金する　4) 歩かない

7. 1) 15世紀に行けるようになりました。
　 2) 大勢の人やたくさんの物が運べるようになりました。
　 3) 1903年に初めて空を飛びました。

# 第37課

1. 1) お父さんに褒められたことがありますか。どんなときですか。
    …例： はい。うちの仕事を手伝ったとき、褒められました。
   2) 何か大切な物をとられたことがありますか。
    …例： はい。カメラをとられました。
   3) あなたの町でいちばん古い建物は何ですか。いつごろ建てられましたか。
    …例： 教会です。500年まえに建てられました。
   4) あなたの国から日本へどんな物が輸出されていますか。
    …例： 石油が輸出されています。

2. 1) 女： 高橋さん、何かいいことがあったんですか。
      男： ええ。実は渡辺さんに映画に誘われたんです。
      女： あら、よかったですね。
      ★ 渡辺さんは高橋さんを映画に誘いました。　　　　　　（ ○ ）

   2) 女： 田中さん、あした自転車を貸していただけませんか。
      男： すみません。先週息子が壊してしまったんです。
      　　今修理してもらっているんです。
      女： そうですか。
      ★ 田中さんは息子に自転車を壊されました。　　　　　　（ ○ ）

   3) 女： ヨーロッパ旅行はどうでしたか。
      男： とても楽しかったんですが、イタリアでかばんをとられて
      　　しまったんです。
      女： まあ。パスポートも入っていたんですか。
      男： いいえ、パスポートはほかの所に入れてありましたから、
      　　大丈夫でした。
      ★ 男の人はパスポートをとられました。　　　　　　　　（ × ）

   4) 女： きのうの復習をしましょう。田中君、電話はいつ
      　　発明されましたか。
      男： 1876年です。
      女： じゃ、だれが発明しましたか。

男： アメリカ人のベルです。
★ 電話はベルによって発明されました。 （ ○ ）

5) 男： これ、誕生日のプレゼント。
女： まあ、ありがとう。何？
男： ドイツの歌のCD。歌の説明が中に入っているよ。
女： でも、わたし、ドイツ語が読めないわ。
男： 英語の説明もあるから、大丈夫だよ。
★ 説明はドイツ語と英語で書かれています。 （ ○ ）

3. 1) 踏まれます  2) しかられます  3) 選ばれます
   4) 汚されます  5) 飼われます  6) 褒められます
   7) 捨てられます  8) 見られます  9) 連れて来られます
   10) 輸出されます  11) 注意されます

4. 1) わたしは犬にかまれました。
   2) わたしは部長に出張について聞かれました。
   3) わたしは先生に名前をまちがえられました。
   4) わたしは子どもに本を汚されました。

5. 1) 使われて  2) 輸入されて  3) 作られて
   4) 食べられて

6. 1) に  2) が  3) で  4) によって

7. 1) ×  2) ×  3) ○  4) ○

# 第38課

1. 1) 本を読むのが好きですか。
    …例: はい、好きです。
   2) お母さんは料理を作るのが上手ですか。
    …例: はい、上手です。
   3) 日本で生活するのは大変だと思いますか。
    …例: はい、大変だと思います。
   4) 自動販売機でも切手が買えるのを知っていますか。
    …例: いいえ、知りませんでした。
   5) 日本語の勉強を始めたのはいつですか。
    …例: 去年の3月です。

2. 1) 女: あのう、これ、クリーニングお願いします。
      男: はい。コートですね。
      女: あしたの夕方までにできますか。
      男: うーん、ちょっと……。あさってなら、できますが……。
      ★ あしたまでにコートをクリーニングするのは無理です。
       （○）

   2) 男: 渡辺さん、みんなでカラオケに行くんですが、いっしょに行きませんか。
      女: カラオケですか……。
      男: 嫌いですか。
      女: いえ、歌を聞くのは好きなんですが、自分で歌うのはちょっと……。
      ★ 渡辺さんはカラオケで歌うのが好きじゃありません。（○）

   3) 男: カリナさん、映画を見に行きませんか。
      女: きょうはちょっと……。あした試験がありますから。
      男: えっ、あした試験があるんですか。
      女: ええ。教室の予定表に書いてありましたよ。
      男: 大変だ。
      ★ 男の学生はあした試験があるのを知りませんでした。（○）

4) 女：鈴木さん、はい、テープ。
   男：ありがとう。あれ？これ、60分のテープですね。
      わたしが頼んだのは、90分のテープなんですが。
   女：あ、すみません。まちがえました。
   ★ 男の人が欲しかったのは90分のテープです。    （ ○ ）

5) 女：田中さん、もうレポート、出した？
   男：あ、いけない。
   女：書いていないの？
   男：書いたんだけど、出すのを忘れたよ。
   ★ 男の人はレポートを書くのを忘れました。    （ × ）

3. 1) ケーキを作る    2) 名前を書く
   3) パワー電気の電話番号が［先月］変わった    4) この箱を持つ

4. 1) いちばん忙しいのは夕方です    2) 生まれたのは九州です
   3) とられたのは財布だけです    4) 話せるのは中国語だけです

5. 1) は    2) を    3) が    4) は

6. 1) の    2) こと    3) の    4) こと

7. 1) ×    2) ○    3) ×    4) ○

# 第39課

1. 1) 雨で学校が休みになったことがありますか。
   …例： はい、あります。
   2) 家族や友達に会えなくて、寂しいとき、どうしますか。
   …例： お酒を飲んだり、歌を歌ったりします。

2. 1) 女： あしたの晩、みんなでイタリア料理を食べに行くんですが、
      ミラーさんもいっしょにいかがですか。
   男： すみません。あしたの晩はちょっと都合が悪くて……。
   女： そうですか。残念ですね。
   男： また今度お願いします。
   ★ ミラーさんはイタリア料理を食べに行けません。　　（○）

   2) 女： あのう、ちょっとお願いがあるんですが……。
   男： はい、何ですか。
   女： 来週の水曜日に国から母が来るので、午後早退しても
      いいですか。
   男： ええ、いいですよ。どうぞ。
   ★ 女の人は来週の水曜日会社を休みます。　　（×）

   3) 男： もしもし、田中です。
   女： 田中さん、どうしたんですか。もうすぐ会議が始まりますよ。
   男： 実は事故で今電車が止まっているんです。
      会議に間に合わないので、先に始めてください。
   女： わかりました。
   ★ 田中さんが来てから、会議を始めます。　　（×）

   4) 女： 日本の生活で何か問題はありませんか。
   男： ええ、実は漢字がわからなくて、困っているんです。
   女： そうですか。漢字は書けなくてもいいですが、意味が
      わからなければ、困りますよね。
   男： ええ、これから漢字の勉強を始めます。
   ★ 男の人は漢字がわかるようになりたいと思っています。

(○)

5) 男：待った？
　　女：30分、遅刻よ。どうしたの？
　　男：道が込んでいて、車が全然動かなかったんだ。
　　女：そう。日曜日は車が多いからね。
　　★　男の人は車の事故で、約束の時間に遅れました。　（×）

3. 1) 生まれて／うれしいです　　2) 来なくて／悲しいです
　 3) 聞いて／びっくりしました　4) できなくて／がっかりしました

4. 1) 高くて／買えませんでした　2) 複雑で／わかりません
　 3) うるさくて／寝られません　4) かぜで／参加できませんでした

5. 1) 雪で新幹線が止まりました　2) 台風で木が倒れました
　 3) 火事でデパートが焼けました　4) 交通事故で人が死にました

6. 1) よくない　2) 受ける　3) 便利な　4) 初めてな

7. 1) ×　　2) ×　　3) ○　　4) ○

# 第 40 課

1. 1) 今世界に国がいくつあるか知っていますか。
   …例： 190ぐらいだと思います。
   2) 次のオリンピックはどこで行われるか知っていますか。
   …例： はい、知っています。
   3) パーティーですてきな人に会ったら、名前のほかに何を知りたいですか。
   …例： 結婚しているかどうか知りたいです。
   4) 月へ行ってみたいですか。
   …例： はい、行ってみたいです。

2. 1) 男： サントスさんの写真の展覧会はあしたの10時からです。
     女： はい。
     男： 場所は市役所の2階のロビーです。
     女： わかりました。
     ★ 男の人はサントスさんの写真の展覧会がいつどこであるか、女の人に伝えました。　　　　　　　　　　　　　（○）

   2) 女： ミラーさん、スキー旅行に参加しますか。
     男： まだ決めていません。
     女： 早く決めないと……。申し込みはあさってまでですよ。
     男： ええ、そうですね。
     ★ ミラーさんはスキー旅行に参加するかどうか早く決めなければなりません。　　　　　　　　　　　　　　　（○）

   3) 女： ミラーさんは？
     男： さっきパワー電気へ行きましたよ。
     女： 何時ごろ帰りますか。
     男： すみません。鈴木さんに聞いてみてください。
     ★ 男の人はミラーさんが何時に帰るか知りません。　　　　　（○）

   4) 女： ことしのワインですよ。フランスのワインです。
        おいしいですよ。どうぞ飲んでみてください。
     男： じゃ、ちょっとだけ。

— 29 —

　　　　　　　うん。おいしい。
　　　　　　　1本（ぽん）ください。
　　　　★　男（おとこ）の人（ひと）はワインを飲（の）んでみて、おいしかったので、買（か）いました。
　　　　　　　　　　　　　　　　　　　　　　　　　　　　　　　（○）

　　5)　女（おんな）：盆踊（ぼんおど）りを見（み）たことがある？
　　　　　男（おとこ）：ううん。一度（いちど）見（み）てみたいな。
　　　　　女（おんな）：来週（らいしゅう）うちの近（ちか）くであるから、いっしょに行（い）って、踊（おど）ってみない？
　　　　　男（おとこ）：うん。やってみようか。
　　　　★　男（おとこ）の人（ひと）は盆踊（ぼんおど）りをしてみます。　　（○）

3. 1) 会（あ）ったか　2) 着（つ）くか　3) なるか
　　4) 生（う）まれる（生まれている）

4. 1) 健康（けんこう）かどうか　2) 必要（ひつよう）かどうか　3) おいしいかどうか
　　4) ないかどうか

5. 1) 量（はか）るか　2) 元気（げんき）かどうか　3) ないかどうか
　　4) 持（も）っていないかどうか

6. 1) 行（い）ってみ　2) 食（た）べてみて　3) 着（き）てみる　4) 入（い）れてみ

7. 1) ○　2) ×　3) ○　4) ○

# 第 41 課

1. 1) 小学校では誕生日に先生にプレゼントをもらいましたか。
   …例： いいえ、いただきませんでした。
   2) あなたは子どもの誕生日に何をしてあげますか。
   …例： 誕生日のパーティーをしてやります。
   3) 第40課はだれに教えてもらいましたか。
   …例： 小林先生に教えていただきました。
   4) だれが初めて字を教えてくれましたか。
   …例： 小学校の先生が教えてくださいました。
   5) 先生にもう一度説明してもらいたいとき、何と言いますか。
   …例： 「もう一度説明していただけませんか」と言います。

2. 1) 女： タワポンさん、この辞書、買ったんですか。
      男： いいえ、先生にいただいたんです。とてもいい辞書です。
      女： そうですか。よかったですね。
      ★ 先生は男の人に辞書をあげました。　　　　　　　　（ ○ ）

   2) 女： パワー電気のシュミットさんを知っていますか。
      男： ええ。先週ミラーさんが紹介してくださいました。
      女： おもしろい方でしょう？
      男： ええ。とても元気な方ですね。
      ★ 男の人はミラーさんにシュミットさんを紹介しました。
      　　　　　　　　　　　　　　　　　　　　　　　　（ × ）

   3) 女： 田中さんはお正月にお子さんに何かあげるんですか。
      男： ええ、お年玉をやります。
      女： お年玉？
      男： お金を袋に入れてやるんです。
      女： そうですか。中国と同じですね。
      ★ お正月に中国の子どももお金をもらいます。　　　　（ ○ ）

   4) 女： ワット先生、ちょっとお願いがあるんですが……。
      男： はい、何ですか。

女： 実は英語で手紙を書いたんですが、ちょっと見ていただけませんか。
男： いいですよ。……ずいぶんまちがいがありますね。
★ ワットさんは学生の手紙を見てあげました。　（ ○ ）

5) 男： もう遅いから、うちまで送るよ。
女： ありがとう。
-------------------------------
女： 送ってくれて、どうもありがとう。
　　 きょうはとても楽しかったわ。
男： ぼくも。じゃ、また。
★ 女の人は男の人にうちまで送ってもらいました。　（ ○ ）

3. 1) いただきました　　2) やる　　3) もらいました
   4) くれました　　　　5) くださいました

4. 1) 貸してくださった　　2) 送っていただきました
   3) 教えてくれた　　　　4) 連れて行ってくださいました

5. 1) 見てくださいませんか　　2) 手伝ってくださいませんか
   3) 説明してくださいませんか　4) かいてくださいませんか

6. 1) が　2) に　3) を　4) が／を

7. 1) 子どもたちにいじめられていましたから。
   2) 海の中のお城へ行きました。
   3) 300年ぐらいいました。
   4) 300年の時間だと思います。

# 第42課

1. 1) 漢字を覚えるために、どんなことをしていますか。
      …例： 何回も書いています。
   2) 健康のために、何か気をつけていますか。
      …例： 野菜を食べるようにしています。
   3) あなたの国でうちを建てるのにいくらぐらいかかりますか。
      …例： 1千万円ぐらいかかります。
   4) 日本からあなたの国へ手紙を出すのにいくらの切手が要りますか。
      …例： 130円の切手が要ります。
   5) あなたの国で旅行にいいのはいつですか。
      …例： 6月ごろです。

2. 1) 女： 木村さんはイタリアへ行くんですか。
      男： ええ。音楽を勉強するために、行くと言っていました。
      女： そうですか。いいですね。
      ★ 木村さんはイタリアへ音楽の勉強に行きます。　　　　　( ○ )

   2) 女： どうしたんですか。
      男： おなかが痛いので、病院へ行きます。
      女： タクシーを呼びましょうか。
      男： あ、大丈夫です。歩いて行けますから。
      ★ 男の人は病院へ行くのにタクシーを使います。　　　　　( × )

   3) 男： 最近、スポーツクラブへ行っている人が多いですね。
      女： ええ、みんな健康のために、運動しているんです。
      男： 渡辺さんも何かしていますか。
      女： ええ、毎週2回ぐらいプールで泳いでいます。
      ★ 女の人は健康のために、プールへ行っています。　　　　( ○ )

   4) 女： この箱を捨ててもいいですか。
      男： あっ、捨てないでください。使いますから。
      女： 何に使うんですか。
      男： 引っ越しのとき、使いたいんです。

★ 男の人は引っ越しのために、箱を捨てないで、置いておきます。
（ ○ ）

5） 女： どんな結婚式をしたい？
男： 結婚式にお金を使うのはむだだよ。
女： そうね。
男： 式にはあまりお金を使わないで、新しい生活のために、使おうよ。
★ お金がないので二人は結婚式をしません。　　（ × ）

3． 1） 覚える　　2） なる　　3） 平和の　　4） 家族の

4． 1） 時刻表は電車の時間を調べるのに使います。
2） テレホンカードは電話をかけるのに使います。
3） ファイルは資料を入れるのに使います。
4） やかんはお湯を沸かすのに使います。

5． 1） 勉強に　　2） 料理に　　3） 整理に　　4） 旅行に

6． 1） ために　　2） ように　　3） ように　　4） ために

7． 1） ×　　2） ×　　3） ○　　4） ○

# 第43課

1. 1) あなたの国で日本語を勉強する人はこれから増えそうですか、減りそうですか。
   …例： 増えそうです。

   2) 日本の円はこれから高くなりそうですか、安くなりそうですか。
   …例： 安くなりそうです。

   3) 買って来たシャツのサイズが合わなかったら、どうしますか。
   …例： 買った店で取り替えてもらいます。

2. 1) 男： やっと暖かくなりましたね。
   女： ええ。
   男： もうすぐ桜が咲きそうですね。
   女： ことしもどこか花見に行きますか。
   男： ええ、上野公園へ行こうと思っています。
   ★ 今桜が咲いています。　　　　　　　　　　　　（ × ）

   2) 女： このごろうれしそうですね。何かあったんですか。
   男： ええ、子どもが生まれるんです。
   女： それはおめでとうございます。いつごろですか。
   男： 9月の予定なんです。
   ★ 男の人は子どもが生まれるので、うれしそうです。（ ○ ）

   3) 女： あ、切手、買わないと……。この辺で売っているでしょうか。
   男： あ、あの店は？「切手、あります」と書いてありますよ。
   女： あ、ほんとうですね。じゃ、ちょっと買って来ます。
   ★ 女の人は切手を買いに行きます。　　　　　　　（ ○ ）

   4) 男： 社員旅行に行かないんですか。
   女： ええ、ちょっと用事があって。
   男： それは残念ですね。じゃ、お土産買って来ます。
   女： ありがとうございます。写真もたくさん撮って来てくださいね。
   ★ 女の人は旅行に行って、写真を撮ります。　　　（ × ）

5) 男：雨が降りそうだね。
   女：ええ。
   男：傘を持って行こうか。
   女：ええ、そうしたほうがいいわね。
   ★ 雨が降っていますから、傘を持って行きます。　　（ × ）

3. 1) 切れ　2) なり　3) 遅れ　4) 降り

4. 1) おいし　2) 古　3) 丈夫　4) 便利（よさ）

5. 1) 聞いて　2) 見て　3) 呼んで　4) いれて

6. 1) ×　2) ○　3) ×

# 第44課

1. 1) お酒を飲みすぎて、気分が悪くなったことがありますか。
   …例： はい、会社の忘年会で飲みすぎました。
   2) あなたの辞書は使いやすいですか。
   …例： はい、とても使いやすいです。
   3) あなたは疲れやすいですか。
   …例： いいえ、いつも元気です。
   4) あなたの国では大学に簡単に入学できますか。
   …例： いいえ。大学が少ないですから。(試験が難しいですから)

2. 1) 女： おはようございます。
      男： おはようございます。どうしたんですか。声が変ですよ。
      女： きのうカラオケで歌いすぎたんです。
      ★ 女の人はカラオケで歌をたくさん歌いました。　　　　( ○ )

   2) 男： 新しいパソコンはどうですか。
      女： まえのよりずっと使いやすいです。
      男： そうですか。
      女： 操作も簡単だし、いろいろなことができるんです。
      ★ 新しいパソコンは簡単で、使いやすいです。　　　　( ○ )

   3) 女： 最近かぜをひきやすいんですが、どうしたらいいでしょうか。
      男： きちんと食事をしていますか。
      女： いいえ、忙しくて……。
      男： それはいけませんね。
      きちんと食べて、よく寝たほうがいいですよ。
      ★ 女の人はよく食べて、よく寝るので、あまりかぜをひきません。
      　　　　　　　　　　　　　　　　　　　　　　　　　　( × )

   4) 男： ごめんください。
      女： はい。
      男： 隣の田中ですが、テレビの音をもう少し小さくして
      もらえませんか。

女： どうもすみません。気がつかなくて。
男： お願いします。
★　テレビの音は大きいです。　　　　　　　　　　　（○）

5)　男： ごはん、できたよ。
女： いただきます。ちょっと、味が薄いわね。
男： そう？
女： それに、肉はもっと薄く切らないと。
男： そうか。今度はもっとうまく作るぞ。
★　男の人は肉を薄く切りました。　　　　　　　　　（×）

3. 1) 入れすぎました　　2) 歌いすぎました
   3) 多すぎます　　　　4) 小さすぎます

4. 1) 食べすぎて　　2) 買いすぎて　　3) 狭すぎて（小さすぎて）
   4) 高すぎて

5. 1) 歩き　　2) 持ち　　3) 破れ　　4) 割れ

6. 1) 短く　　2) 小さく　　3) きれいに　　4) 来週に

7. 1) 熱心に　　2) 細かく　　3) 優しく　　4) 簡単に

8. 1) お祝いの気持ちがうまく伝えられませんから。
   2) 話の大切な所をメモしておくといいです。
   3) 易しいことばは覚えやすいし、まちがえにくいからです。
   4) 「別れる」とか、「切れる」とかです。

# 第 45 課

1. 1) あなたの国では火事が起きた場合は、何番に電話しますか。
   …例： 119番に電話します。
   2) 学校や会社を休む場合は、必ず連絡しますか。
   …例： はい、連絡します。

2. 1) 女： 1日に2回この白い薬を飲んでください。
      男： はい。1日に2回ですね。
      女： せきが止まらない場合は、この青いのも飲んでください。
      男： わかりました。
      ★ 男の人は1日に2回青い薬と白い薬を飲みます。　（ × ）

   2) 女： 山田さんは来週のミーティング、出席できますか。
      男： 出席できるかどうか、まだわからないんですが……。
      女： そうですか。じゃ、出席できない場合は、あとで資料を取りに来てください。
      男： はい、わかりました。
      ★ ミーティングに出席しなくても、資料はもらえます。　（ ○ ）

   3) 男： 渡辺さん、きょうの午後の会議は中止になりましたよ。
      女： えーっ。どうしてですか。
      男： 部長が来られなくなったんです。
      女： きのう残業して書類を準備したのに……。
      ★ 女の人はきょう会議がなくなって、うれしそうです。　（ × ）

   4) 女： あのう、千円札を入れたのに、お釣りが出ないんですが。
      男： レバーを回しましたか。
      女： レバー？　どれですか。
      男： 右の方です。そのレバーを回してみてください。
      女： はい。あ、出ました。
      ★ レバーを回さなければ、お釣りが出ません。　（ ○ ）

5) 男：試験、どうだった？
   女：うーん、あまり難しくなかった。小川君は？
   男：僕は半分しかわからなかったよ。毎晩遅くまで
   　　勉強したのに……。
   ★　男の学生はよく勉強したので、試験は簡単でした。（ × ）

3. 1) 止める／警察の許可をもらわ　　2) 薄い／このボタンで調節して
   3) 中止の／お金を返して　　　　　4) 必要な／係に申し込んで

4. 1) 読んでいない　2) 招待された　3) 4月な　4) 寒い

5. 1) 会議が始まる　　　　　　2) 楽しみにしていた
   3) たくさん買っておいた　　4) 地図を持って行った

6. 1) 例：上手に話せません　　　　2) 例：おいしくないです
   3) 例：写真を撮りませんでした　4) 例：また故障しました

7. 1) ×　2) ×　3) ×　4) ○

# 第46課

1. 1) もう46課の問題をやってしまいましたか。
   …例： いいえ、今からするところです。
   2) 今何をしていますか。
   …例： 日本語の宿題をしているところです。

2. 1) 男： 困ったなあ。
      女： どうしたんですか。
      男： パソコンが故障したんです。1週間まえに、買ったばかりなのに……。
      女： 買った店に連絡して、見てもらったほうがいいですよ。
      男： そうですね。すぐ電話してみます。
      ★ 男の人のパソコンは新しいですが、今使えません。（〇）

   2) 女： もしもし、ミラーさん？ イーです。
         あのう、きょうの約束なんですが……。
      男： ええ。
      女： 実は、急に用事ができてしまったので、5時に変えていただけませんか。
      男： ええ、いいですよ。ちょうど今出かけるところだったので、間に合って、よかったです。
      ★ ミラーさんは出かけるとき、イーさんから電話をもらいました。
      （〇）

   3) 男： すみません、会議室のかぎを知りませんか。
      女： シュミットさんが持っているはずですよ。
         会議室を使うと言っていましたから。
      男： じゃ、シュミットさんに聞いてみます。
      ★ 女の人はシュミットさんがかぎを持っていると思っています。
      （〇）

   4) 女： 田中さん、いますか。あしたの資料を渡したいんですが……。
      男： 田中さんなら、たった今帰ったところですから、まだ近くにいる

　　　　　　はずですよ。
　　　女：　じゃ、捜してみます。
　　　★　　田中さんは今うちにいます。　　　　　　　　　　　（ × ）

5）　女1：　渡辺さん、おいしいケーキがあるんだけど、どう？
　　　女2：　ありがとう。でも、さっきごはんを食べたばかりだから……。
　　　女1：　じゃ、あとでどうぞ。
　　　女2：　ええ、ありがとう。
　　　★　　渡辺さんは今からごはんを食べますから、ケーキを食べません。
　　　　　　　　　　　　　　　　　　　　　　　　　　　　　　　（ × ）

3. 1) 出かけた　　2) 始まる　　3) 調べている
　 4) コピーしている

4. 1) 来た　　2) 買った　　3) 生まれた　　4) 飲んだ

5. 1) わかる　　2) 医者の　　3) 必要な　　4) おいしい

6. 1) ×　　2) ○　　3) ×　　4) ×

# 第47課

1. 1) 最近のニュースを教えてください。
   …例： 九州で地震があったそうです。
   2) 友達にご両親はどこに住んでいるか聞いてください。
   …例： タイのバンコクに住んでいるそうです。

2. 1) 女： IMCの漢字のソフトを知っていますか。
      男： ええ。外国人のためのソフトでしょう？
      女： とてもいいそうですね。
      男： わたしも買いたいと思っているんです。
      ★ 女の人はIMCの漢字のソフトを持っています。　　　（ × ）

   2) 女： グプタさんが会社をやめるそうですよ。
      男： え？ ほんとうですか。どうして？
      女： アメリカのコンピューターの会社へ行くそうです。
          給料もいいそうですよ。
      ★ グプタさんは今の会社をやめて、アメリカのコンピューターの
          会社で働きます。　　　（ ○ ）

   3) 男： どうしたんですか。
      女： どうも道をまちがえたようです。
          地図によると、ここに銀行があるはずなんですが……。
      男： そうですね。おかしいですね。
      ★ 二人は今銀行の近くにいます。　　　（ × ）

   4) 男： けさのテレビを見ましたか。神戸で地震があったそうです。
      女： えっ？
      男： かなり大きかったようですよ。ビルがたくさん倒れていました。
      女： えーっ？
      ★ 女の人はけさ神戸でひどい地震があったのを知りませんでした。
          　　　（ ○ ）

   5) 女： 小川さんの息子さん、さくら大学に合格したそうよ。

男: そりゃあ、よかった。よく勉強していたからね。
女: 何かお祝いをしないと……。
男: うん。
★ 小川さんの息子さんがさくら大学に合格したので、お祝いをあげます。　　　　　　　　　　　　　　　　　　　　　　（○）

3. 1) にぎやかだ　2) 遅れる　3) 生まれた／男の子だ／かわいい

4. 1) よさ／便利じゃない　2) 怖／優しい人だ
   3) 幸せ／困っている

5. 1) いない　2) 来た　3) カレーの　4) 古い

6. 1) ようです　2) 元気だ　3) 結婚するそうですね
   4) 故障の

7. 1) ×　2) ○　3) ○　4) ○

# 第 48 課

1. 1) あなたの国では両親は子どもにどんな手伝いをさせますか。
   …例： 食事の準備を手伝わせます。
   2) あなたは子どもにどんなことを習わせたいですか。
   …例： ピアノや水泳を習わせたいです。
   3) 会社や学校で気分が悪くなって、早く帰りたいとき、何と言いますか。
   …例： 「気分が悪いので、早退させていただけませんか」と言います。

2. 1) 男： もしもし、太郎です。ハンス君、お願いします。
   女： ああ、太郎君。すみません。今ハンスはちょっと出かけています。
   帰って来たら、かけさせましょうか。
   男： はい、お願いします。
   ★ ハンス君はあとで太郎君に電話をかけます。　　　　　（ ○ ）

   2) 男： 飛行機は何時に着きますか。
   女： あしたの午後4時半です。
   男： じゃ、娘を迎えに行かせますから、ロビーで待っていてください。
   女： すみません。お願いします。
   ★ 男の人は女の人を迎えに行きます。　　　　　（ × ）

   3) 男： このごろ子どもたちを見ませんね。外で遊ばないんですか。
   女： ええ、学校から帰ってから、ピアノとか水泳を習いに行くんです。
   男： そうですか。
   女： わたしも娘に絵を習わせています。
   ★ 女の人の子どもはうちへ帰ってから、絵を習いに行きます。
   　　　　　（ ○ ）

   4) 女： あのう。
   男： 何ですか。
   女： あした病院へ行かなければならないので、休ませて
   いただけませんか。
   男： わかりました。いいですよ。

★　女の人はあした会社へ来ないで病院へ行きます。（○）

5) 男の子：お母さん。僕にもやらせて。
　　女　：いいわよ。じゃ、手伝って。
　　------------------------------
　　男の子：わあ、できた。
　　女　：おいしそうね。
　　男の子：お母さん、料理はおもしろいね。
★　男の子はお母さんといっしょに料理を作りました。（○）

3. 1) 急がせます　2) 話させます　3) 待たせます
   4) 運ばせます　5) 休ませます　6) 走らせます
   7) 洗わせます　8) いさせます　9) 届けさせます
   10) させます　11) 来させます

4. 1) を／遊ばせます　2) に／掃除させます
   3) に／手伝わせます　4) に／持って来させます

5. 1) 置かせて　2) 帰らせて　3) 使わせて　4) 止めさせて

6. 1) 手伝ってもらいました　2) 連れて来ていただきました
   3) 教えてもらいました　4) やらせていただけませんか

7. 1) 荷物や人を運ぶのに便利でしたから。
   2) 馬より力とスピードがありますから。
   3) 楽しみのために競走させたり、サーカスで芸をさせたりしています。

# 第49課

1. 1) 今度の日曜日どこかいらっしゃいますか。
      …例： はい、京都へ行きます。
   2) きのうお出かけになりましたか。
      …例： いいえ、出かけませんでした。
   3) お酒を召し上がりますか。
      …例： いいえ、飲みません。
   4) 日本大使館の電話番号をご存じですか。
      …例： いいえ、知りません。
   5) 今晩は何をなさいますか。
      …例： 友達に会います。

2. 1) 女： はい、山田です。
      男： ミラーですが、ご主人はいらっしゃいますか。
      女： いいえ、まだ帰っていませんが。
      男： 何時ごろお帰りになりますか。
      女： 9時ごろになると思います。
      男： じゃ、またお電話します。
      ★ 山田さんのご主人は9時ごろミラーさんに電話をかけます。
                                                              ( × )

   2) 女： 先生、最近の学生は勉強しないと言われていますが、先生はどう
          お考えになりますか。
      男： わたしはあまり心配していません。熱心な学生もたくさん
          いますよ。
      ★ 先生は最近の学生は勉強しないと思っています。        ( × )

   3) 男： どうぞここにお掛けください。
      女： すみません。ありがとうございます。
      男： いいえ。わたしは次の駅で降りますから。
      ★ 女の人は座れました。                                ( ○ )

   4) 男： あのう、中村課長いらっしゃいますか。

　　　　女： どちら様でしょうか。
　　　　男： パワー電気のシュミットです。3時のお約束なんですが。
　　　　女： わかりました。すぐ連絡しますので、ロビーでお待ちください。
　　★　シュミットさんはロビーで中村課長を待ちます。　　　（○）

　5)　男： 部長はいつ出張から戻られる？
　　　　女： 今晩ニューヨークからお帰りになる予定ですけど。
　　　　男： じゃ、あしたは会社に来られるね。
　　　　女： ええ、午後会議がありますから、いらっしゃるはずです。
　　★　部長はあした会社へ来ます。　　　　　　　　　　　（○）

3. 1) 行かれます　　2) 話されます　　3) 戻られます
　　4) なられます

4. 1) お呼びになりました　　2) お作りになりました
　　3) お忘れになりました　　4) お決めになりました

5. 1) ご覧になりました　　2) なさいます
　　3) ご存じです　　　　　4) いらっしゃいます

6. 1) お入りください　　　2) お伝えください
　　3) お書きください　　　4) お掛けください（お座りください）

7. 1) ○　2) ○　3) ×　4) ×

# 第 50 課

1. 1) お名前は何とおっしゃいますか。
　　　…例： マイク・ミラーと申します。
　2) どちらに住んでいらっしゃいますか。
　　　…例： 東京に住んでおります。
　3) 日本語がお上手ですね。どのくらい勉強なさいましたか。
　　　…例： 半年ぐらい勉強いたしました。
　4) 日本の首相の名前をご存じですか。
　　　…例： はい、存じております。
　5) あしたお宅にいらっしゃいますか。
　　　…例： はい、おります。

2. 1) 女： お電話、お借りしてもいいですか。
　　　男： ええ、どうぞお使いください。こちらです。
　　　女： じゃ、ちょっとお借りします。
　　　★　女の人は電話をかけます。　　　　　　　　　　　　（○）

　2) 男： 重そうですね。
　　　女： ええ。午後の会議の資料なんです。会議室へ持って行く
　　　　　ところです。
　　　男： お手伝いしましょうか。
　　　女： ありがとうございます。
　　　★　男の人は女の人といっしょに資料を運びます。　　（○）

　3) 男： はい、IMCでございます。
　　　女： 田中と申しますが、ミラーさんはいらっしゃいますか。
　　　男： ミラーはちょっと席を外しておりますが……。
　　　女： そうですか。
　　　男： すぐ戻ると思いますので、戻ったら、お電話させましょうか。
　　　女： お願いいたします。
　　　★　女の人はあとでもう一度電話をかけます。　　　　（×）

　4) 男： きょうは山本先生に来ていただきました。これから先生が

　　　　　　　書かれた本についていろいろお話を伺いたいと思います。
　　　　　　　では、山本先生をご紹介します。
　　　　　女：山本でございます。
　　　　　★　これから女の人が書いた本について話を聞きます。（○）

　　5)　女：展覧会で先生の絵、拝見しました。
　　　　男：ありがとうございます。
　　　　女：桜の絵、すばらしいですね。
　　　　男：わたしもあの絵がいちばん好きなんです。
　　　　★　女の人は男の人がかいた絵を見に行きました。　　　（○）

3.　1)　ご紹介し　　2)　お取り替えし　　3)　お送りし
　　4)　ご連絡し

4.　1)　おります　　2)　存じませんでした
　　3)　いただきます　　4)　発表いたします

5.　申します／いらっしゃいます／おります／お戻りになります（戻られます）／
　　お電話します

6.　1)　×　　2)　×　　3)　○　　4)　○

— 50 —

復習　F

1. 1) に　2) が　3) に　4) が　5) は／は　6) が
   7) で　8) が　9) も／も　10) に　11) が　12) は
   13) に／が　14) は／に

2. 1) 帰ります　2) 釣りです　3) 痛いんです
   4) 行きたいんですが

3. 1) 来なかった／悪かった　2) 誕生日な　3) 働き
   4) きれいだ／ちょうどいい　5) なくして／した　6) 戻して

4. 1) しまいました　2) います　3) しまいました
   4) あります　5) おいて　6) いる

5. 1) 壊れて／例：使えません　2) 込んで／例：行けません
   3) 破れて／例：着られません　4) 閉まって／例：出せません

6. 1) ほとんど　2) しか　3) 何でも　4) いつか
   5) それに／それで

復習　G

1. 1) かめる／かもう／かめ／かめば
   2) 選べる／選ぼう／選べ／選べば
   3) 走れる／走ろう／走れ／走れば
   4) 通える／通おう／通え／通えば
   5) 立てる／立とう／立て／立てば
   6) 探せる／探そう／探せ／探せば
   7) 続けられる／続けよう／続けろ／続ければ
   8) 見られる／見よう／見ろ／見れば
   9) 来られる／来よう／来い／来れば
   10) できる／しよう／しろ／すれば

2. 1) 帰ろう　2) 行った　3) 吸う　4) 教えた
   5) 読め　6) 食べ　7) 働く　8) やめる
   9) した　10) 忙しい　11) 持って　12) やって
   13) 新しけれ　14) 降る　15) 簡単　16) 3時からだ
   17) 雨

3. 1) c　2) a　3) c　4) a　5) b　6) a
   7) c　8) a

4. 1) に／どう　2) どういう／と　3) どのくらい（いくら）／は
   4) だれ／に／が　5) どう／も／も　6) どうやって／に
   7) いつ／の　8) 何／と／と

― 52 ―

**復習 H**

1. 1) の  2) に／を  3) と  4) と  5) を  6) の
   7) の  8) を  9) に  10) に／を  11) で／が
   12) は／から  13) は／で  14) によって  15) に
   16) から  17) が  18) に／を  19) を  20) で

2. 1) 届く  2) 心配しない  3) いなく  4) 歩く
   5) 買わない  6) かく  7) はる  8) あった
   9) 読んで  10) 来る  11) なくした  12) 合う／着て

3. 1) います  2) 開けて  3) 行こう  4) 読めば
   5) 「禁煙」と  6) 悪いので

4. 1) 着られません      2) しまいました
   3) 値段も安いし、味もいい  4) パソコンを壊されました
   5) ベルによって発明されました  6) 父が亡くなった

復習 1

1. 1) 直して  2) 教えて  3) とれ  4) 難し
   5) 買って  6) 多  7) 割れ／使う  8) なる
   9) 習った  10) 上手な

2. 1) 半分に  2) 赤く  3) 詳しく  4) 大切に

3. 1) に  2) を  3) の  4) に  5) に  6) も／も
   7) に  8) で  9) に  10) に  11) が
   12) に／は／も  13) で／に

4. 1) できるだけ  2) さっき  3) 絶対に  4) 一生懸命
   5) 今にも  6) ちゃんと  7) 急に  8) やっと

5. 1) 乾きます  2) やせます  3) 下がります  4) 拾います
   5) 減ります  6) 失敗します  7) 泣きます
   8) 卒業します  9) 薄い  10) 硬い  11) 小さな
   12) 複雑  13) 太い  14) 汚い  15) まずい
   16) つまらない  17) 祖母  18) 裏  19) 入口  20) うそ
   21) おじ  22) 平和  23) 暖房  24) 復習  25) 答え
   26) 西

## 復習　J

1. 1) が／を　2) が　3) に　4) を／に　5) に／を
   6) に

2. 1) 80歳の　2) 暇な　3) うれし　4) ダンスの先生だ
   5) 留守の　6) 悪い　7) 無理な　8) 早退させ
   9) 呼び／待ち　10) 帰り

3. 1) 探しているところ　2) 終わったところ
   3) 結婚したばかり　4) 始まるところ　5) 聞いたばかり
   6) 出たところ

4. 1) よさそうです　2) ありそうです　3) 出かけたようです
   4) 降りそうです　5) 事故のようです

5. 1) 焼かせて　2) 手伝って　3) 送らせました
   4) 教えてもらいました

6. 1) おります　2) いただきました　3) 召し上がります
   4) いらっしゃいます　5) 拝見しました　6) ご覧になりました

## 復習 K

1. 1) 買って  2) 食べられ  3) 来よう（来たい）  4) 食べて
   5) 書いて  6) 書ける  7) 教えて  8) 来た
   9) 買って  10) 書き  11) 食べて  12) 勉強すれ／勉強する
   13) 買う  14) 来る（来られる、いらっしゃる）  15) 買い
   16) 教えて  17) 勉強して  18) 食べ  19) 買った
   20) 来

2. 1) 走った  2) 悪い  3) 高い／楽だ  4) 初めごろ
   5) 楽しみだ  6) 雨  7) 新しけれ／新しい
   8) 大切な  9) 複雑で  10) おいしい  11) よさ
   12) 苦くて  13) 上手な  14) 中止の
   15) 細かく  16) 幸せに

3. 1) b  2) c  3) b  4) b  5) c  6) b
   7) c  8) c  9) a  10) b  11) a

4. 1) タイ語が話せます  2) 親切にしてくださいました  3) 出かけ
   4) 忘れない  5) 掛けて  6) 探そう  7) 使うな
   8) すれば  9) 出られる

5. 1) たった今  2) きちんと  3) ちょうど  4) どうも
   5) によると  6) 絶対に  7) やっと  8) あと
   9) たいてい  10) できるだけ

6. 1) それなら  2) そのうえ  3) それで
   4) ところで  5) それまでに

7. 1) b  2) c  3) c  4) b  5) a  6) c
   7) a  8) b

联合执笔
　田中よね
　牧野昭子
　重川明美
　御子神慶子
　古賀千世子
　沢田幸子
　新矢麻紀子

監修
　石沢弘子　　財団法人海外技術者研修協会
　豊田宗周　　財団法人海外技術者研修協会

插图
　佐藤夏枝
　向井直子